기본 중의 기본을 담다

직장인의
바른 습관

문성후 지음

izi 이지퍼블리싱

CONTENTS

part 1

멘탈 : 매일 나를 리셋하는 방법

part 2

일머리 : 직장인의 뇌 사용법

part 3

직장 화법 : 나를 더 돋보이게 하는 말의 비밀

지식이 높은 사람은 세상에 많습니다. 그러나 지혜가 깊은 사람은 드뭅니다. 그래서 문성후라는 사람이 귀합니다. 그가 지혜로운 건, 제자리에 머물지 않고 끊임없이 지혜를 탐구하기 때문입니다. 머물지 않는다는 말은 그저 앞으로 나아간다는 뜻만 가진 것은 아닙니다. 그는 나아감과 동시에 도자기를 빚는 도예공처럼 꼼꼼하고 윤이 나게 일합니다. 정석을 지키면서도 자신의 능력이 빛을 발할 수 있도록 일하는 그의 스타일로 볼 때, 그의 신간 『직장인의 바른 습관』이 담고 있는 내용은 아주 믿음직스럽습니다. 만약 그가 성공만을 좇는 사람이었다면 이 책은 세상에 나올 수 없었을 것입니다. 그의 넓은 지혜가, 그의 따뜻한 심성이 사람을 향해 있었기에 이 책이 존재합니다.

문성후는 직장에서의 복잡한 일과 속 작은 경험에서도 분명한 지혜를 발견해내곤 합니다. 그리고 자칫 쉽게 흩어지고 마는 조직 안에서의 암묵지들을 애써 형식지로 바꾸는 작업을 해오고 있습니다. 얻은 노하우를 직장인에게 전하며 속 깊은 위로와 꼭 필요한 해결책을 제시합니다. 이 책은 문성후가 애써 완성한 지혜의 보고입니다. 직장인이라면 누구나 갈급했을 문제들의 현답을 이 책 속에서 찾을 수 있습니다. 직장에서 풀리지 않는 문제가 있다면 지금, 문성후에게 물어보시기 바랍니다. 제가 그러했듯이.

– 《에스콰이어》 매거진 신기주 편집장

회사 잘 다니는 사람들에게는 무언가 다른 습관이 있습니다

양복의 유래는 군복입니다. 처음에는 깃을 세운 형태였다가 점차 변형되어 지금의 모양새를 가지게 되었습니다. 오늘날 직장인은 그 양복을 입고 매일 회사에 갑니다. 그래서 그런지 회사 생활의 치열함은 종종 전쟁에 비유되기도 합니다. 회사라는 전쟁터에서 제2의 군복인 양복을 입고, 성과를 내기 위해 안간힘을 쓰고 있습니다. 물론 제가 말씀드린 양복은 단지 복장에 대한 비유입니다. 성별에 관계없이, 연령, 직급, 하는 일에 관계없이 직장인들은 매일 업무와 치열한 전투를 벌입니다. 직장인에게 있어 전투의 승리는 회사의 수익과 개인의 성장일 겁니다.

한편 직장생활은 치열하기도 하고 예측불가하기도 합니다. 일을 하다 보면 다양한 요인에 의해 길이 막힐 때가 있습니다. 이때 가장 빠르고 정확한 해결법은 길잡이에게 묻는 것이겠죠. 하지만 길잡이 역할을 해줄 만한 사람을 찾는 일도, 직장생활에 대해 속 깊이 상담할 사람을 찾는 일도 다 어렵기만 합니다. 같은 직장에 있는 동료나 상사들은 대부분 자기 이익에 맞추어 얘기합니다. 다른 직장에 다니는 친구는 잘 몰라서, 관심이 없어서, 워낙 친해서 대충대충 답을 해줍니다. 가족은 진심으로 응원해주지만 어떤 답을 주지는 못합니다. 그렇다고 해서 매번 인터넷에 물어볼 수도 없고, 물어봐도 쓸 만한 답을 찾을 순 없습니다. 물론 회사에서 직장생활 잘하는 법에 대해 설명해주는 경우가 있습니다. 하지만 설명의 주체가 달라 의견 차이만 확인하게 됩니다. 회사는 회사의 입장을 먼저 생각하지만, 개개인은 자연스럽게 내 생각을 먼저 할 수밖에 없습니다.

고민이 많아지면 직장인들은 자기계발서를 찾습니다. 그런데 직장인을 대상으로 한 책 중에는 간절히 원하면 이루어진다는 식의 피상적인 이야기가 담겨 있는 경우가 종종 있습니다. 열심히 원하면 뭐든 될 수 있다고 말하죠. 하지만 알다시피 현실은 그렇지 않습니다. 또 어떤 책들은 네 맘대로 살아도 괜찮다며 직장인들에게 사이다를 자처합니다. 하지만 사이다에서 김이 빠지면 그저 설탕물이 되듯, 직장인들에게서 에너지가 빠져나가면 그냥 생활인이 됩니다. 직장인들에게 무책임한 힐링 권유는 정글에서 정원을 가꾸라는 얘기와 같습니다. 이렇듯 우리 주변에는 온갖 미사여구로 포장된 무책임한 조언들이 존재합니다. 그러다 보니 답을 찾는 일은 더욱더 어렵게 느껴집니다.

그렇다면 직장생활에 좋다는 강의를 많이 들으면 답을 찾을 수 있을까요? 교수들은 학문적 연구를 바탕으로 학생들에게 강의를 합니다. 이는 학자로서의 책임과 의무를 실현하는 것이기에 당연한 일입니다. 하지만 상아탑 속 이론은 시시때때로 변하는 현실의 문제가 복잡하게 얽혀있는 직장생활과는 잘 들어맞지 않는 경우가 많습니다. 그래서 직장인들은 산업 강사들을 찾습니다. 산업 강사 중에는 뛰어난 분들이 많습니다. 그러나 직장생활에 대한 문제는 강사가 단순히 회사에 다녀봤다고 해서 조언을 해줄 수 있는 문제는 아닙니다. 하물며 강사들 중에서는 직장생활을 오래 해보지 않은 채 직장생활을 강의하는 사람들도 있습니다. 사실 우리에게 정말 중요한 핵심은 따로 있습니다. 직장생활은 벼락치기가 안 되는 과목이라는 사실입니다. 직장생활은 꾸준히 배우고 오랫동안 습관화해야 하는 끈기가 필요한 과목입니다.

여러분께 조금은 엉뚱한 질문을 하나 드리겠습니다. ABC 중 가장 중요한 것은 무엇일까요? Attitude(태도)? Behavior(행동)?

모두 아닙니다. Custom(습관)이 가장 중요합니다. C는 D를 결정합니다. 여기서 D는 Destiny(운명)입니다. 탈무드에 '습관은 처음에는 거미줄처럼 가볍지만 이내 쇠줄처럼 단단해진다'는 말이 있습니다. 습관은 사람의 생각과 행동을 단단하게 만들어주고, 스스로의 운명을 예정할 수 있게 해줍니다.

이 책은 직장생활의 운명을 좌우할 습관에 대한 이야기를 하고 있습니다. 내가 중심이 되는 자기 주도적인 삶을 위해 직장인이 가져야 할 바른 습관 말입니다. 때로는 이론적으로 때로는 실무적으로 직장인들이 알아두면 좋을, 꼭 필요한 습관만 알뜰하게 모아 정리했습니다.

저의 직장생활에도 부족함이 많았습니다. 그럼에도 불구하고 제가 이 책을 쓴 이유는 24년간의 치열한 직장생활을 통해 얻은 직장 노하우를 알려주고 싶었기 때문입니다. 직장 내 예의범절이 아닌, 직장에서 호구로 보이지 않고, 현명하게 내 자리를 지키면서, 효율적으로 고성과를 내는 습관을 생생히 전하고자 했습니다.

지금도 어디에선가는 일머리가 없다고 상사에게 타박을 받는 직장인이 있을 겁니다. 꼭 필요하다고 말하면서 정작 아무도 가르쳐 주지 않았던 일머리 습관을, 이제 이 책에서 배우고 체화하세요. 습관은 성공한 사람에게는 하인이고 실패한 사람에게는 주인입니다. 여러분도 얼마든지 '습관의 주인'으로 거듭날 수 있습니다.

회사는 '나'를 위해 다니는 것입니다. 그래서 직장생활에는 나에게 사소한 것이 한 가지도 없습니다. "직장인의 꿈은 직장에서 이루어야 한다"는 제 생각은 언제나 변함이 없습니다. 내 손으로 거둔 값진 보상을 통해 일과 삶의 조화를 이루는 것, 그것은 결코 이룰 수 없는 꿈이 아닙니다. 지금 여러분이 어느 자리에 서 있든 그곳에서 작지만 실천할 수 있는 루틴을 시작해보세요. 습관으로 단단하게 쌓으면 반드시 꿈에 가까이 이를 수 있습니다. 이 책이 여러분의 현명한 직장생활에 유용한 지침이 되길 진심으로 바랍니다.

2018. 12

프로 직장러 문성후 씀

part 1

멘탈 :
매일 나를 리셋하는 방법

1
당신의 오늘 업무 컨디션
루틴에 달려있다

　　루틴routine이라는 말을 들어보셨나요? 루틴은 판에 박힌 일상을 의미하는 영어 단어이지만 일상적이고 규칙적으로 일하는 순서와 방법을 뜻하기도 합니다. 루틴은 크게 인지적 루틴과 행동적 루틴으로 나뉩니다. 인지적 루틴이란 자신의 머릿속에서 부정적인 생각을 아예 없애고 성공적인 모습을 떠올리는 긍정적인 자기 암시를 말하고, 행동적 루틴은 자신만의 습관적인 행동으로 심리적인 안정감을 되찾는 것을 말합니다. 이 두 가지 의미의 루틴을 합치면 어떻게 될까요? 몸은 행동적 루틴을, 머리는 인지적 루틴을 하면서 이 둘이 조화롭게 어우러지면 우리의 멘탈은 강해집니다.

루틴은 특히 스포츠계에서 많이 쓰입니다. 운동선수들은 최상의 결과를 위해 이상적인 상태를 갖추는 자신만의 고유한 동작이나 절차를 반복적으로 수행함으로써 루틴을 만든다고 합니다. 언뜻 보면 지루한 일상의 훈련처럼 보이는 루틴이 사실은 치열한 승부를 대비하는 몸과 마음의 무장인 것이죠.

세계적인 축구 선수 호날두의 루틴을 한번 살펴볼까요? 그의 프리킥 모션 루틴은 매우 독특하기로 유명합니다. 우선 그는 축구공을 내려놓고 뒤로 크게 다섯 걸음 물러납니다. 그리고 각도에 따라 몸의 방향을 조절한 다음 공을 차기 전에 크게 심호흡을 하고 골대를 노려본 후 킥을 합니다. 세계적인 테니스 선수 샤라포바의 서브 루틴도 눈여겨볼 만합니다. 그녀는 서브를 넣기 전 베이스라인에서 몇 걸음 뒤로 나와 돌아섭니다. 그리고 왼손으로 공을 잡은 채 양쪽 머리카락을 귀 뒤로 넘기며 공을 두 차례 바운드한 후 괴성을 지르며 서브를 넣습니다.

그런데 이런 루틴이 스포츠 선수에게만 해당되는 것은 아닙니다. 〈인턴〉이라는 영화를 기억하실지 모르겠습니다. 이 영화의 핵심은 선배의 힘 빼기라 할 수 있습니다. 제가 이름의 마지막 글자에 선배를 붙여 '후선배'를 자처하게 된 데는 이 영화의 영향이 크다고 할 수 있죠. 제가 이 영화를 좋아하는 이유는 현명한 직장생활을 위한 루틴의 중요성을 잘 보여주기 때문입니다.

이 영화의 주인공인 벤의 가장 큰 장점은 충실함이라 할 수 있습니다. 벤은 정해진 시간에 일어나 슈트를 차려입고 손때 묻은 빈티지 서류 가방을 챙겨서 출근한 다음 탁상시계, 연필 세트, 계산기를 책상 위에 놓으며 하루 일과를 루틴하게 시작합니다. 우리는 그 루틴을 통해 그의 경험과 지혜가 얼마나 굳건히 균형 잡혀 있는지 느낄 수 있습니다. 또 다른 영화 〈악마는 프라다를 입는다〉의 미란다 편집장은 매일 아침 스타벅스의 카페라테를 마시며 하루를 시작합니다. 카페라테 한잔이 그녀의 완벽한 하루를 위한 시작 스위치인 셈입니다. 그렇다면 도대체 왜 이런 사소한 루틴이 중요한 걸까요?

반복적인 직장생활은 실망과 좌절의 연속입니다. 대부분의 직장인은 거래처를 방문하고 고객 유치에 애쓰다가 보고서를 쓰고 결산을 하고 또다시 거래처를 방문하는, 일상적이고 다사다난한 업무의 순환 속에 있습니다. 또 그 모든 업무를 소화하면서 나름의 성과도 만들어내야 하죠. 그런데 일도 힘들지만 인간관계는 더 힘듭니다. 후배의 말 한마디에 마음의 상처를 받기도 하고, 상사의 핀잔에 뒤돌아서 눈물을 흘리기도 하죠. 도대체 이 회사에 왜 다녀야 하는지 자괴감이 들 때마다 상사의 책상 위에 멋지게 사표를 던지는 장면을 상상해보지만, 그런 통쾌한 일은 우리의 머릿속에서나 일어납니다. 이렇게 꽉 막힌 직장생활에서 나를 리셋^{reset}해주는 것이 바로 루틴입니다. 루틴은 당신의 업무에 질서와 활력을 불어넣습니다. 루틴으로 충실하게 하루를 채우면 일과 관계의 문제를 해결하는 길을 찾을 수 있습니다.

루틴을 만들기 위해서 우선, 내 일상에 일정한 흐름을 만드는 가이드라인을 세워보세요. 이 가이드라인을 세우는 일은 어렵지 않습니다. 우리의 생활에 이미 루틴이 존재하니까요. 출근은 직장인의 대표적인 루틴입니다. 출근 후에 차를 한잔 마시거나, 화분에 물을 주는 등의 행동으로 하루를 시작해보세요. 그다음 책상 앞에 앉아서 오늘과 이번 주에 할 일이 무엇인지 쭉 살펴보고, 이번 달에 처리해야 할 업무 리스트를 검토한 다음 하루의 업무를 시작해보는 겁니다.

경기 시작 전 긴장된 순간, 운동선수는 '루틴 타임'을 가집니다. 이때는 관중도 심판도, 어느 누구도 선수를 방해하지 않습니다. 하지만 당신의 하루를 되돌아보면 알 겁니다. 직장에서는 루틴을 챙길 시간이 전혀 주어지지 않죠. 아무리 열심히 업무를 처리해도 일감은 수시로 날아와 쌓입니다. 업무 할당, 업무 지시, 발표 준비, 회의 참석, 회식 장소 예약 등 다양한 업무가 꼬리에 꼬리를 물고 나타납니다. 때로는 생각지도 못했던 사고가 터져 다급하게 뒷수습을 하고 야근을 해야 할 때도 있습니다. 잠깐이라도 넋을 놓고 있다가는 '업무 채무자'가 되어 종일 상사와 일에 쫓기게 됩니다. 어떻게 하면 직장생활에서 나만의 루틴을 챙길 수 있을까요?

먼저 루틴을 '큰 루틴'과 '작은 루틴'으로 쪼개는 작업부터 해야 합니다. 저는 매일 아침을 일정한 행동을 하며 차분하게 시작합니다. 기상 후 씻고, 커피를 내리고, 집 앞으로 배달된 신문 여섯 개를 읽으면서 하루를 시작합니다. 이 일련의 행동이 저의 큰 루틴인 것이죠. 예전에 회사를 다닐 때도 마찬가지로 30분 먼저 출근해서 커피 한잔과 신문 보기로 하루를 시작했습니다.

이 책을 읽고 있는 당신도 어렵지 않게 루틴을 설정할 수 있습니다. 하루를 시작할 때 하는 행동을 큰 루틴으로 두고, 업무에 집중할 수 있는 사소한 행동들을 작은 루틴으로 설정해 보세요. 거래처에 전화할 일이 있을 때 번호를 누르기 전에 물을 한 모금 마시거나, 키보드 앞에 앉아 메일 내용을 입력하기 전에 손가락을 풀어주는 등 나만의 작은 루틴을 실행하면 인지와 행동을 일치시킬 수 있습니다. 보고를 하거나 발표를 하기 전엔 목소리를 가다듬은 후 말의 톤과 매너를 결정하고 할 말을 미리 머릿속에 정리해보세요. 그렇게 작은 루틴을 해나가다 보면 당신에게 꼭 맞는 당신만의 루틴이 만들어집니다.

자신의 멘탈을 지키면서 최상의 결과를 도출해낼 수 있는 가장 좋은 방법은 바로 루틴입니다. 마라톤 같기도 하고 권투 같기도 한 직장생활에서 자신만의 큰 루틴과 작은 루틴을 만들고 꼭 실천해보시기 바랍니다.

2
스트레스는 이제 그만
스스로를 충전하는 멘탈 관리

직장인들이 가장 많이 하는 말이 무엇일까요? 매번 그렇진 않겠지만 일이 잘 풀리지 않을 때 우리는 습관적으로 "미치겠다" 내지는 "돌아버리겠다"는 말을 합니다. "뚜껑이 열린다" 또는 "열 받는다"는 말도 생각보다 자주 하는 편입니다. 이런 표현은 대부분 멘탈과 관련되어 있습니다. 사실 힘이 드는 순간을 떠올려보면, 몸이 힘들 때보다 마음이 힘들 때가 대부분입니다. "더 이상 못해 먹겠다"는 말도 마음이 상하고 의지가 꺾였을 때 은연중에 튀어나오는 말입니다.

그렇다면 여러분은 이런 부정적인 멘탈 표현을 얼마나 자주

하시나요? 아무런 도움이 되지 않는다는 것을 알면서도 입 밖으로 내뱉고 마는 그런 부정적인 말들 말입니다. 사실 우리의 멘탈을 뒤흔드는 원인은 주변에 산재해 있습니다. 매일 아침 만원 버스 안에서, 출근 후 마주한 서류들 사이에서, 점심시간 직장 상사나 후배들 관계 속에서, 퇴근 후 쌓여있는 집안일 앞에서 우리의 멘탈은 쉽게 흔들리곤 합니다. 그중에서도 하루 중 가장 많은 시간을 보내는 직장 안에서의 스트레스는 우리 멘탈의 가장 큰 위협 요인입니다. 직장에 오래 다니면 직장암에 걸린다는 우스갯소리가 있을 정도입니다.

우리 몸은 힘이 들거나 다쳐서 회복이 필요할 때 일종의 시그널을 보냅니다. 몸살감기에 걸려 아무것도 할 수 없어 누워있는 상황을 떠올려보세요. 우리가 몸을 무리하게 사용하면 몸은 자연스럽게 앓아눕도록 스스로를 조절합니다. 이때가 되면 우리는 싫어도 어쩔 수 없이 병원에 가고 약을 먹고 쉬면서 스트레스를 차단하고 회복을 위해 노력합니다. 이렇게 단계적으로 신호를 보내서 스스로의 건강을 챙기는 몸과 달리 멘탈이라는 녀석은 다른 양상을 띕니다.

멘탈은 스트레스를 받는 초기엔 이 자극을 심각하게 받아들입니다. 하지만 스트레스가 지속되어 일정한 선을 넘어버리면 오히려 무감각해지는 경우가 많습니다. 정신력으로 버텨내야 한다는 인식이 깊이 박혀 있기 때문입니다. 오랫동안 우리는 자신이 가진 것 이상의 성과를 낼 수 있도록 정신력을 길러야 한다, 혹은 정신력으로 버텨야 한다는 말을 아주 자연스럽게 받아들이며 살아왔습니다. 하지만 이제 전문가들은 이런 상황을 심각한 것으로 진단하고 있습니다. 다시 말해, 누가 봐도 힘든 상황임에도 불구하고 "나는 괜찮다, 힘들지 않다"고 이야기하는 사람은 오히려 굉장히 위험한 상황에 처한 것일 수 있다는 겁니다.

우리에게 필요한 것은 인식의 전환입니다. 우리는 태양 전지가 아니기 때문에 일을 하고 스트레스를 받으면 정신적, 육체적 기력이 소진됩니다. 때문에 체력이나 정신력에는 한계가 있다는 사실을 인지하고 나의 상태에 꾸준한 관심을 가져야 합니다. 로봇 청소기도 충전한 양을 다 쓰면 그 자리에 멈추고 맙니다. 하물며 사람은 어떨까요? 모든 사람에게는 자신이 쓸 수 있는 몸과 마음의 에너지의 총량이 존재한다는 사실을 염두에 두어야 합니다.

그렇다면 어떻게 나 스스로를 위로하고 격려할 수 있을까요? 진정으로 나를 위로하기 위해서는 우선 나라는 사람을 돌아보아야 합니다. 자신의 부족함을 인정해야 해요. 그러고 나서 어떻게 하면 나의 부족한 부분을 채울 수 있는지 궁리해야 합니다. 그 방법은 사람마다 다양할 것입니다. 만약 당신에게 종교가 있다면 자신의 부족함을 깨닫거나 위로하는 방법을 신앙에서 찾을 수 있을 것입니다. 종교 활동 외에 운동이나 모임, 봉사 같은 활동으로도 가능할 것입니다.

이런 마음을 챙기는 일은 반복적으로 실행하여 습관으로 굳혀야 합니다. 단순한 일회성의 쾌락이나 보상은 별 소용이 없습니다. 오랜 시간 꾸준히 토닥이고 보살펴야 합니다. 어렸을 때를 떠올려보세요. 넘어져서 울고 있으면 어디선가 엄마가 나타나 무릎을 털어주고, 많이 아팠겠다며 안아주고 위로해 주었지요. 하지만 어른이 된 우리는 더 이상 누군가에게 위로받을 수 없습니다. 스스로 무릎을 털고 일어나 자신을 안아줘야 해요.

셀프 멘탈 관리의 핵심은 멘탈 방어가 아닌 멘탈 강화입니다. 아래에 셀프 멘탈 강화를 위한 몇 가지 습관을 소개하겠습니다.

첫 번째, 내 말을 잘 들어주는 사람을 만드는 습관입니다. 어린 시절을 함께한 동창도 좋고, 술 한잔 기울이며 이야기할 수 있는 회사 동료도 좋습니다. 또는 온라인에 그런 역할을 해줄 수 있는 창구를 하나 두는 것도 좋습니다. 사람도 만나고 온라인에서 고민을 털어놔도 뭔가 부족하다면 멘탈 건강을 관리해줄 퍼스널 트레이너, 즉 심리 전문가를 만나는 것도 좋은 방법이 될 수 있습니다.

직장인의 바른 습관

실제로 저는 15년 넘게 멘탈 클리닉에 가서 상담을 받고 있습니다. 주기적으로 찾아가 30분쯤 대화하고, 필요에 따라 마음 비타민을 처방받아 먹기도 합니다. 시간을 거슬러 심리전문가와의 첫 만남을 떠올려보겠습니다. 제가 국내에서 국제변호사로 일할 때였습니다. 당시 잦은 해외 출장으로 시차 적응이 어려워 심한 불면증을 겪게 되었습니다. 그래서 심리 전문가를 만나 수면 촉진제를 처방받았죠. 그 후로도 신체 정기 검진을 받듯 주기적으로 찾아가게 되었어요. 마음이 안정되고 더 편해지는 것을 느낄 수 있었습니다. 그렇게 저는 멘탈 클리닉에서 마음 관리를 받으며 7년간 대기업 임원을 지냈고 박사학위도 땄습니다. 또한 사내 변호사로 빈틈없이 일을 처리하거나 두 권의 책을 집필할 때에도 꾸준히 마음 관리를 받아왔습니다. 결과적으로 심리 전문가를 찾아간 것이 참 잘한 일이었다고 생각합니다.

최근 들어 공황장애나 불면증 등 자신의 병을 방송에서 솔직하게 이야기하는 방송인들이 많아졌습니다. 더불어 심리치료에 대한 인식도 예전보다 많이 좋아졌습니다. 하지만 아직도 조금 더 나아가야 할 지점들이 남아있습니다. 멘탈 관리가 힘들면서도 낯선 사람에게 마음을 털어놓는 것이 어색해서 상담받기를 꺼리는 경우가 그렇습니다. 마음의 건강관리를 받으러 가는 것을 주저할 필요는 없습니다. 헬스장이나 수영장에 찾아가 몸의 건강

관리를 하는 것처럼 필요하다면 누구나 가서 관리를 받으면 되는 것이지요.

이제 저는 주변으로부터 멘탈 갑이라는 이야기를 자주 듣습니다. 저 역시 과거에는 문제를 파악하는 과정에서 설명할 수 없는 통증을 겪었습니다. 실수할 때도, 한없이 힘이 들 때도 있었습니다. 그때 몸의 병을 치유하듯 마음도 힐링이 필요하다는 것을 알게 되었죠. 모든 사람에게는 자가 치유력, 즉 셀프 힐링 파워가 있습니다. 그것을 넘어서는 심각한 상처를 입었을 때에는 주사도 맞고 약도 먹어야 합니다. 우리는 얼굴에 난 작은 뾰루지로도 병원에 가지만 마음에 든 시퍼런 멍은 그냥 놔두곤 합니다. 그러나 그래서는 덧나기만 할 뿐입니다. 스스로 치료하기 버거울 땐 병을 키우지 말고 하루빨리 의사를 찾아가세요. 직장이라는 마라톤을 무사히 완주하기 위해서는 자신의 마음을 털어놓을 누군가가 반드시 필요합니다. 주변 사람도 좋지만 일상에서 마주칠 일 없는 믿을 만한 타인을 만들어 두어도 좋습니다.

두 번째는 발을 쓰는 습관입니다. 즉 운동이죠. 이 습관에 가장 걸림돌이 되는 것은 우리와 절친한 스마트폰입니다. 스마트폰은 인류에게는 축복이자 재앙이 분명합니다. 스마트폰 덕에 생활은 한층 편리해졌지만, 오늘도 많은 직장인이 몸을 움직이는 대신 스마트폰의 바다에 빠져 허우적거리고 있거든요. 속이 상해도, 마음을 다쳐도 마냥 스마트폰만 쳐다보고 있습니다. 하지만 스마트폰은 우리 뇌가 원하는 답을 주지 못할 때가 많습니다. 스트레스를 받은 뇌가 원하는 것은 운동 에너지입니다. "나 좀 그만 쓰고 몸을 좀 쓰세요!"라는 뇌의 애원을 더 이상 외면하지 마세요.

사실 직장인에게 운동은 참 어려운 숙제입니다. 과중한 업무와 야근 그리고 회식으로 피로가 쌓여있기 때문이죠. 저 역시 생각만으로는 실천이 어려워 일상 곳곳에 메시지를 적어놓았습니다. 제 이메일 주소에 적힌 네 자리 숫자 '7330'에는 일주일에 세 번 30분씩 운동하자는 메시지가 담겨있습니다. 마음에 암이 걸리지 않도록 제 나름의 신조를 적어놓은 것입니다.

암癌이라는 한자엔 입 구口 자가 세 개나 됩니다. 속에 품은 말은 많지만, 깊은 산 속 지붕 안에 갇혀 하고픈 말을 하지 못할 때 생기는 병이 바로 암이지요. 이 글자를 풀어 입 구자가 지붕을 뚫고 나오면 암은 품질 품品 자가 됩니다. 그만큼 삶의 퀄리티가 확 높아진다는 뜻이지요. 여기서 지붕을 뚫고 나오는 가장 효율적인 방법이 바로 운동입니다. 어떻게 보면 몸과 마음은 하나라고 할 수 있어요. 그러니 마음이 강해지려면 당연히 체력이 먼저 좋아져야 합니다.

세 번째, 마음이 상했을 때 실행하는 세 가지 루틴이 있습니다. 줄여서 'SUM'이라고 합니다. 말할 수 없이 속상하고 마음이 상했을 땐 가장 먼저 일어나세요stand up. 그리고 마음을 유턴U-turn합니다. 문제에 바로 부딪히지 말고 일단 뒤돌아서는 겁니다. 그다음엔 다른 방향으로 마음을 움직입니다move. 사소한 움직임이라도 상관없습니다. 이 과정을 거친 후 다시 그 문제와 대면하는 겁니다. 그러면 뇌가 다시 문제를 풀어줍니다.

셀프 멘탈 습관에서 가장 중요한 것은 자신에 대한 관심입니다. 그것을 가장 효과적으로 표현할 수 있는 방법은 운동입니다. 앞서 소개해 드린 세 가지 습관 중에서 가장 권해드리는 방법 또한 운동입니다. 아마 이 세상에 불쾌한 생각을 가지고 운동을 하는 선수는 없을 거라고 생각합니다. 운동선수들은 좋은 성과를 위해서라도 긍정적이고 진취적인 생각을 하려고 노력할 겁니다. 우리도 마찬가지입니다. 직장 안에서 좋은 성과를 냄과 동시에 일과 삶을 균형있게 꾸려나가려면 긍정적인 생각과 움직임이 필요합니다. 이제 우리가 해야 할 일은 한계에 도달하기 전에, 번아웃burnout 증후군을 겪기 전에 스스로 충전하는 일입니다. 멘탈이라는 잔이 완전히 비워지기 전에 계속 첨잔添盞을 해야 합니다. 이 점을 반드시 기억하세요.

3
시련에도 끄떡없는 셀프 엔진 :
자기 효능감

한때 자존감이라는 단어가 주목을 받은 적이 있습니다. 자존감은 영어로 self-esteem인데, esteem은 '평가한다'라는 의미를 가진 단어 estimate에서 만들어졌습니다. 즉 나를 평가하는 것이 자존감의 중요한 함의含意라 할 수 있죠. 자신을 존중하는 것도 중요하지만 더 중요한 것은 자기 자신을 얼마나 잘 알고 정확히 평가하느냐 하는 문제입니다.

그런데 여기서 말하는 평가에는 긍정적인 평가도 포함되지만 부정적인 평가도 포함됩니다. 다시 말해 내가 가진 수치심이나 실망감도 자존감의 일종인 셈입니다. 심리적 측면에서 보면,

자신에 대한 양(+)과 음(-)의 평가가 모두 자존감인 것이죠. 그렇다면 자존감이 직장생활에 얼마나 도움이 될 수 있을까요? 사실 직장생활의 추진 동력을 얻기 위해서는 긍정적인 평가만으로는 부족합니다. 직장생활은 결국 직장이라는 하나의 사회 안에서 내가 주체가 되어 살아가는 것이기 때문에 지속 가능한 추진 동력이 필요합니다.

지속 가능한 셀프 엔진으로 자기 효능감self efficacy을 소개합니다. 자기 효능감은 캐나다의 심리학자 앨버트 반두라Albert Bandura에 의해 정립된 개념으로, 자신의 능력에 대한 판단과 믿음을 뜻합니다. 이 자기 효능감을 끌어올리기 위해서는 우선 쉬운 과제를 통해 성공 경험을 쌓는 것이 좋습니다. 그다음 점진적으로 과제의 난도를 높여나가는 것이 효과적입니다.

일반적으로 자기 효능감이 높은 사람은 도전적인 과제가 주어졌을 때 쉽게 포기하지 않고 더 많은 노력을 기울이는 것으로 알려져 있습니다. 또 실패했을 때는 그 원인을 자신의 노력이나 능력 부족보다 외부 상황으로 귀인歸因하는 경향이 높다고 하고요. 반대로 자기 효능감이 낮은 사람은 어려운 과제를 쉽게 포기하거나 애초에 도전하지 않으려는 성향이 강합니다. 그러니 원하는 결과를 얻지 못했을 때는 그 원인을 자신의 능력이나 노력 부족 등 내부적인 요인으로 귀인하려고 하죠. 이에 대해 캐시 콜베

Kathy Kolbe는 이렇게 말했습니다. "자신이 가진 능동적인 강점에 가치를 두려면 타고난 능력에 대한 믿음이 선행되어야 합니다. 자신의 타고난 능력을 발휘해 목표를 달성하는 것은 결코 쉽지 않습니다. 목표를 향해가는 길엔 항상 장애물이 놓여 있기 때문입니다. 장애물을 극복을 위해서는 결단력과 인내심이 필요합니다. 이 두 가지 힘 역시, 자신의 능력에 대한 믿음에서부터 솟아납니다."

한편, 기업 문화 측면에서 한국은 업무에서 개인 탓을 가장 많이 하는 국가라는 연구 결과가 있습니다. 원하는 결과가 나오지 않았을 때 '네가 열심히 안 해서 이렇게 된 거야'하는 식으로 개인에게 책임을 돌리는 데는 1등인 국가라는 말입니다. 개인의 노력이나 개인의 탓에 무게 중심을 두는 이런 의식이 좋은 것만은 아닙니다. 국가적인 축구 경기가 벌어질 때 언론, 전문가 할 것 없이 모두들 선수들의 정신력을 강조하곤 하죠. 하지만 체력과 기술의 차이가 극심한 상황에서는 정신력만으로는 한계가 있기 마련입니다. 만약 해외 팀에서 발군의 실력을 발휘하던 한국 선수가 국가대표 경기에서 패했다면, 그 선수의 정신력이 부족했다고 말할 수 있을까요? 한 선수가 실책을 범했다고 해서 과연 그 선수 때문에 경기에서 졌다고 비난할 수 있을까요?

직장에서도 크게 다르지 않습니다. 일이 잘 안 풀리는 원인으로는 개인의 잘못이나 실수 외에도 업무 환경이나 파트너와의 불협화음, 때때로 찾아오는 불가항력적인 불운 등이 있을 수 있습니다. 업무에 영향을 끼치는 요인이 수도 없이 많다는 말이지요. 그러므로 좋지 않은 결과를 온전히 개인의 탓으로 돌리는 것은 합리적이지 못합니다. 그보다는 인과에 대한 정확한 분석과 판단으로 다음 기회를 준비하는 편이 더 낫습니다.

이처럼 오랫동안 관습적으로 굳어진 한국적 정서는 하루아침에 바뀌지는 않을 겁니다. 하지만 개선을 바라는 개인의 변화 의지가 모이면 보다 나은 상황으로 바뀔 수 있습니다. 이런 의지를 강하게 만들어 주는 것이 바로 자기 효능감입니다. 먼저 자신의 능력에 강한 믿음을 갖고, 쉬운 과제를 해결하는 작은 성공을 경험함으로써 '마음 그릇'을 키워보세요. 작은 성공을 반복하다 보면 소주잔만 했던 마음 그릇이 큰 사발로 바뀌어 자기 효능감도 커질 게 분명합니다. 자기 효능감이 커지면 자신의 능력을 충분히 사용할 수 있는 인내심도 자연스럽게 길러집니다.

이렇게 자기 효능감을 기르게 되면 쉽게 포기하지 않고 지레 겁먹지 않게 됩니다. 일이 잘 안 되어도 자신만 탓하는 게 아니라 객관적으로 무엇이 문제인지 냉철하게 판단할 수 있습니다. 이른바 메타인지metacognition가 높아졌기 때문입니다. 메타인지가 높아지면 스스로를 판단할 수 있게 되고 그 판단에 따라 효율적인 의사 결정이 가능해집니다.

저는 일찍이 메타인지의 중요성을 알고 있었고, 덕분에 삶의 방향을 설정하는 데 도움을 받을 수 있었습니다. 저는 소위 명문 대학의 법과대학과 동 대학원에서 법학만 6년을 공부했지만, 사법고시를 보지 않았고 법학박사도 따지 않았습니다. 동기들과 조금 다른 선택을 했지만 그럼에도 저는 흔들림이 없었습니다. 저 자신을 정확하게 알고 있었고 믿음이 있었기 때문이었죠. 메타인지 덕분에 맞지 않는 공부를 하는 수고를 덜었습니다. 그리고 때마침 은사님이 "너는 법학 공부보다는 경영학 공부가 더 잘 맞을 것 같다"는 조언을 해주셨고, 법학도로서 자존심은 상했지만 맞는 말씀이라고 생각했어요. 그 후 저는 미국으로 건너가 변호사 자격을 따고, 한국에서 경영학 박사를 땄습니다.

그런데 직장생활은 공부하는 것과는 많이 달랐습니다. 24년 직장생활을 돌아볼 때, 직장에서의 제 효능감 점수는 후하게 주어도 B-쯤 되는 것 같습니다. 직장생활 중 저는 쓸데없이 자신을 탓했던 적이 많았습니다. 따지고 보면 전적으로 제 잘못이 아닌 일도 제 잘못처럼 느껴지기도 했지요. 그래서 기가 죽고 위축되어 성장의 시기를 놓치기도 했습니다. 자존심은 높았지만 효능감은 그만큼 높지 않았기 때문입니다.

메타인지와 자기 효능감을 통틀어 당신이 기억해야 하는 중요한 사실이 하나가 있습니다. 우리는 모두 능력자라는 사실입니다. 다만 자신이 가진 능력을 사용하는 방법을 잘 모르고 있을 뿐입니다. 그리고 그 방법을 발견할 수 없었던 이유는 자신의 능력에 대한 믿음이 부족했기 때문이죠. 먼저 자신을 믿어야 합니다. 의심은 능력을 방해할 뿐입니다. 모든 새는 떨어질 각오를 하고 첫 날갯짓을 합니다. 스스로 날 수 있다고 믿기 때문에 둥지 밖으로 몸을 던질 수 있는 것입니다. 일의 과정에서 설사 뭔가 잘못되어도 자기 탓은 하지 않기 바랍니다. 자신을 믿고 보듬어주는 것이야말로 당신이 최우선으로 가져야 할 가장 중요한 습관이 분명합니다.

4
화병을 피하는 좋은 방법
감정창고를 열어라

기원전 6세기 서양에서 사용하던 격언에 따르면 '혀가 미끄러지는 것(말실수)보다 발을 헛디디는 것이 차라리 낫다'는 말이 있습니다. 신중하게 말해야 한다는 의미입니다.

군인, 의사, 판사의 공통점이 무엇이라 생각하시나요? 이들은 모두 유니폼을 입고, 전문 용어 예컨대 군사 용어, 의학 용어, 법률 용어를 쓰며 사람의 목숨을 전장에서, 병원에서, 법원에서 다룹니다. 만약 군인이 함부로 말하면 포탄이 엉뚱한 곳에 떨어질 테고, 의사가 함부로 말하면 의료 사고가 일어날 것이며, 판사가 함부로 말하면 선악이 뒤바뀌겠지요. 직장인 역시 생각을 정제해서 소통해야 합니다. 목숨까지는 아니더라도 자신의 성과와 회사의 성장을 책임지고 있기 때문입니다.

언젠가 심심풀이로 사주를 본 적이 있는데 팔자에 검객劍客이 나왔습니다. 칼잡이라는 말이죠. 저는 점쟁이에게 "피만 봐도 기절하는 성격인데, 내가 무슨 검객이라는 거죠?" 하고 물었어요. 그는 "현대사회는 혀가, 펜이 검입니다. 그래서 말이나 글을 쓰는 사람 예컨대 작가, 법조인, 교수, 기자 등이 모두 검객입니다" 라고 명쾌하게 대답하더군요. 저는 칼럼니스트이자 책을 쓰는 저자에 강의하는 변호사이니 영락없는 검객입니다. 그러고 보니 검劍을 뜻하는 sword에서 s만 빼면 word가 됩니다. 때문에 '혀 밑에 칼이 있다'는 말을 항상 가슴에 새기고 명심하고 있습니다.

직장을 그만두고 강의를 시작하면서 저에게는 일종의 습관이 하나 생겼습니다. 어떤 상황에서도 욕을 하지 않고 아무리 나이가 어려도 쉽게 말을 놓지 않아요. 저도 모르게 비속어를 입에 올리거나 강의 중 부지불식간에 반말을 하지 않기 위해서입니다. 좋지 않은 행동이 습관이 되면 나도 모르게 누군가에게 상처를 줄 수 있기에 평소에도 바른 말을 쓰는 습관을 지니려고 노력합니다.

그렇다고 꼭 해야 하는 말까지 하지 않으면 안됩니다. 직장인들은 하루에도 수십 번씩 희로애락을 겪는데 그 와중에 마음이 불편한 일이 있으면 표현해야 속이 풀리지 안 그러면 화병이 생깁니다. 화병이라는 말은 중국 명나라 의사 장개빈張介賓이 처음 사용했고 조선 시대에 한국으로 전해졌다고 합니다. 화병이란 감정을 발산하지 않고 억제한 상태에서 일어나는 증상으로 '노怒:노여움', '희喜:기쁨', '사思:생각', '우憂:근심', '비悲:슬픔', '공恐:두려움', '경驚:놀람'의 일곱 가지 감정七情을 억누를 때 발생한다고 합니다. 심지어 기쁨이나 생각, 놀라움도 표현하지 않으면 화병에 걸린다는 것이죠. 이렇게 말도 글도 조심해야 하는 세상에서 직장인들은 어떻게 화병에 걸리지 않고 슬기롭게 감정을 해소할 수 있을까요? 익명으로 대나무 숲에 올릴 수도 있고, 회사 신문고를 두드릴 수도 있고, 페이스북에 업로드할 수도 있습니다. 그런데 이렇게 대대적으로 공개하는 것은 공감과 인정 혹은 실행이 필요할 때 해도 늦지 않아요. 가장 먼저 자신의 감정을 정리하고 자신만의 메시지로 정제하는 단계를 거쳐야 합니다. 할 말이 있을 때는 먼저 자기만의 기록으로 남기는 겁니다. 상대가 있다면 이메일에 쓰고 임시보관함에 저장해두세요. 화가 날 때는 스마트폰에 대고 맘껏 말하고 저장해두세요. 특별한 대상이 없이 그냥 답답하고 화가 난다면 전자 일기장에 자신의 생각을 기록하세요. 기쁘고 놀랍고 슬픈 일도 모두 녹음하거나 일기장에 쓰는 거죠. 다시 말해 감정을 저장할 나만의 '창고'를 만들라는 것입니다.

상사에게 억울하게 지적을 받았다고 해봅시다. 큰일이든 아니든 그 당시에 얘기하기에는 타이밍이 적절하지 않습니다. 그럼에도 너무 답답하고 화가 나서 참을 수 없을 때는 하고 싶은 말을 이메일에 쓰고 임시보관함에 두세요. 자칫 보내기를 누를 수도 있으니 주소는 일단 비워두세요. 그렇게 며칠을 보내는 동안 내용을 가감하거나 수정할 수도 있습니다. 며칠 후 그 글을 다시 읽어보면 그게 그렇게 큰일이었나 하며 피식 웃으면서 지울 수도 있습니다. 때로는 볼수록 중요해져서 내용을 더 다듬을 수도 있고요. 정말 중요한 일이라면 보내기 버튼을 누르세요. 필요하다면 공론화하는 것도 생각해 볼 수 있습니다. 참고로 회사 일은 회사 이메일로 주고받는 게 좋아요. 회사 업무는 최대한 투명하고 공식적인 것이 좋습니다.

글보다 말로 해야겠다 싶으면 아무도 없는 곳으로 가서 녹음 앱을 켜세요. 그리고 나서 '부장님, 오늘 제가 좀 화가 났습니다'라는 말로 녹음을 시작하세요. 소리를 질러도 되고 두서가 없어도 무방해요. 일단 입 밖으로 뱉어서 내 간을 식히고 열을 다스리는 게 중요합니다. 녹음 앱이 나의 대나무 숲이 되는 겁니다. 정말 꼭 해야겠으면 음성편지를 첨부해 상대에게 보내도 됩니다. 듣고 안 듣고는 상대방의 자유지만, 중요한 것은 내가 표현했다는 사실이에요.

직장인의 바른 습관

내가 나에게 얘기하고 싶을 때는 전자 일기를 써보세요. 보안을 걸어 나만 볼 수도 있고, 100자만 쓸 수 있어 하루를 간결하게 정리할 수 있는 앱도 있으니까요. 짧은 생각을 써도 좋고 화가 나거나 즐거웠던 사건 등을 기록해도 좋아요. 내가 다시 안 봐도 되고, 지워도 됩니다. 당시의 속마음을 모두 털어놓고 표현하는 것이 무엇보다 중요합니다.

기록에는 완성이 없습니다. 지금 저 역시 글을 쓰고 있지만, 이 글을 완성으로 생각하지는 않습니다. 이 책은 2년 전에 출간한 책과는 내용이 다를 테고, 그 안의 의미도 분명 변해 있을 겁니다. 그때는 그 생각이었던 거고 지금은 또 생각이 바뀌어 있을 테니까요. 심지어 제가 썼던 박사 논문도 그렇겠지요. 특정한 가설을 세우고 당시의 선행 연구를 근거로 그 가설을 입증했을 뿐이니까요. 이론도, 모델도, 가설도, 결론까지도 모든 것이 계속 바뀔 수 있답니다.

일기를 쓸 때에도 마찬가지입니다. 얼마든지 자기모순이 있을 수 있습니다. 다만 그 생각을 쏟아내서 내 안에서 곪지 않도록 해야 합니다. 우리는 진리를 기록하는 것이 아니라 그저 자신의 생각과 마음을 충분히 표출하면 되니까요. 내 안의 부정적인 감정이 고인 물이 되지 않게 하는 것이 정말 중요합니다.

이렇게 감정을 기록하면 한 가지 좋은 점이 생깁니다. 말실수를 줄일 수 있다는 것입니다. 〈A Few Good Man〉이라는 영화의 한 장면인데, 톰 크루즈가 강하게 몰아붙이자 잭 니컬슨은 자신에게 불리한, 유죄를 인정하는 발언을 하고 맙니다. 이런 돌출 발언을 영어에서는 'blurt out'이라고 합니다. 이 돌출 발언은 주로 부정적인 결과를 불러오는 경우가 많습니다. 일례로 변호사들은 의뢰인들에게 법정에서 항상 이 돌출 발언을 조심할 것을 당부합니다. 판사가 묻는 말에만 대답하고, 그것도 사전에 약속한 대로만 말하라고 합니다.

실제로 많은 정치인이나 유명 연예인이 충동적으로 SNS에 글을 올려 낭패를 보는 일이 비일비재합니다. 댓글 하나에 명예훼손을 당해 곤경에 처하는 일도 숱하게 많습니다. 술김에 헤어진 연인에게 전화해서 좋았던 적이 있나요? 얼결에 충동적으로 하는 말은 대부분 후회를 남깁니다.

서양 속담에 '빵조각보다는 말을 씹어야 한다'는 말이 있습니다. 어떤 말을 하기 전에 한 번 더 생각해보라는 거죠. 인터뷰를 잘하는 연예인들을 보면 한 가지 공통점이 있어요. 바로 답변을 느리게 한다는 겁니다. 우리가 연예인처럼 인터뷰를 할 일은 없겠지만, 직장생활을 하다 보면 인터뷰보다 더 긴장된 상황이 불시에 발생할 수 있습니다. 이를 위해 미리 자기 기록을 해보세요. 머릿속 사전에 자신의 생각을 기록하고 정제해 두었기 때문에 입에서, 펜에서 나오는 의견이 깔끔하고 단정해집니다.

직장생활은 숨 고르기와 힘 빼기의 연속이라 할 수 있습니다. 답답한 일이 있다면 심호흡을 한번 하고 키보드 앞에 앉아 자신에게 하고 싶은 말을 해보세요. 내일 또다시 방문해도 좋아요. 당신의 감정 창고는 항상 그 자리를 지키고 있을 테니까요.

5
당신의 실패를
축하합니다

누구나 되돌아보면 짠한 실패의 경험이 있습니다. 저는 뉴욕주 변호사 시험에서 탈락한 날을 아직도 생생히 기억합니다. 미국 로스쿨을 졸업하던 해 미국 변호사 시험을 보았지만 보기 좋게 떨어졌습니다. 아까운 점수 차로 떨어졌지만 변명의 여지 없이 떨어진 겁니다. 한국 법학 석사와 미국 경영학 석사가 있었지만, 미국 로스쿨에 진학했던 이유는 뉴욕주 변호사가 되고 싶었기 때문입니다. 미국에서는 뉴욕주 변호사를 Member of New York Bar라고 부릅니다. 뉴욕주 변호사가 얼마나 되고 싶었으면 술집 간판의 Bar만 봐도 눈이 커지곤 했어요. 그런데 막상 변호사 시험에 떨어지고 나니 거짓말 하나 보태지 않고 정말 하늘이 노랗게 보였습니다. 뉴욕주 변호사 시험의 합격률은 공식적으로 70%대입니다. 세 명 중 두 명이 붙으니 합격률이 높다고 생각하겠지만, 본질은 한 명은 반드시 떨어진다는 사실입니다. 당시 제가 그 한 명이 된 것이었죠.

저는 그해 한국으로 돌아와 계약직으로 회사에 입사했고, 동시에 재수를 준비했어요. 낮에는 일하고 저녁에는 공부하다 나중에는 회사 앞에 고시원을 잡아 공부했습니다. 그리고 1년 6개월 후 다시 뉴욕 주도州都인 알바니로 시험을 보러 갔어요. 시험 직전까지 저를 괴롭혔던 것은 실패의 경험과 탈락의 두려움이었습니다. '또다시 떨어지면 얼굴을 어떻게 들고 다니지'하는 생각이 머릿속을 지배했고, 만감이 교차했어요. 특히 지난번에 틀렸던 가족법의 유산 분배 문제는 트라우마가 되었습니다. 그러다가 저는 시험을 보기 전날 엄청난 사실을 발견하게 됩니다. 그 문제를 얼마나 보기 싫었는지 1년 동안 해당 내용을 전혀 공부하지 않았다는 사실이었죠. 트라우마가 생겨 그 문제를 계속 외면해왔던 것이었습니다.

때문에 저는 시험 전날, 총정리를 포기하고 그 문제에만 집중했습니다. 적어도 이 문제로 또 떨어지지는 않겠다고 스스로 다짐하면서요. 결과적으로 저는 지금도 17년째 뉴욕주 변호사 회비를 내고 있습니다. 혹자는 기껏 시험 문제 하나 잘 풀어서 합격한 것 같은데 뭐 이리 장황하게 설명하나 싶기도 할 겁니다. 하지만 이 이야기에 여러분에게 반드시 전하고 싶은 핵심 내용이 숨어있습니다. 실패를 반복하기 싫다면 그 실패를 꼭 다시 방문해야 한다는 겁니다. 누구에게나 실패의 경험은 다시는 떠올리고 싶지 않을 만큼 마음에 크나큰 상처를 남기지요. 정신적 외상 때문에 때로는 수치스럽기까지 하거든요. 저 역시 그랬어요. 그런데 한 가지 반드시 명심해야 할 사실이 있습니다. 실패가 반복되는 것을 막을 수 있는 유일한 방법은 그 실패를 직면하는 것이라는 사실 말입니다.

모든 실패는 단지 조금 큰 실수일 뿐입니다. 누구나 실수하고 실패할 수 있다는 말입니다. 그런데 실수나 실패를 두려워하고 피하는 순간부터 그 실패는 징크스라는 이름으로 머피의 법칙처럼 달라붙습니다. 실수가 반복되면 실력이라는 말이 있죠? 실수는 반복되지 않는 것이 중요합니다. 그렇다면 어떻게 하면 다시 실패하지 않을 수 있을까요?

가장 좋은 방법은 실수와 실패를 대면하는 방법을 찾아내는 겁니다. 접착력이 약했던 포스트잇은 실패에서 비롯되었지만 결국 3M의 효자 상품이 되었듯 실패를 곱씹으면 성공이라는 반전이 우리를 기다립니다. SK하이닉스는 '좋았을 컬cul, culture'이라는 실패 사례 경진대회를 열어 연구 개발 중에 있었던 실패 사례를 공유하고, 실패 데이터베이스를 구축해 공동의 자산으로 삼고 있습니다. 소재 과학 분야의 최고 혁신 기업 중 하나인 코닝Corning은 매년 '죽은 프로젝트 기념식'을 열고 있어요. 중도 하차한 프로젝트를 수행했던 담당자를 무대에 올려 한 장짜리 슬라이드로 실패 사례를 발표하고 비석도 세운다고 합니다. 그런데 그중에는 무덤에서 되살아나 성공하는 프로젝트도 있다고 해요. 이 사례들처럼 우리 모두 자신의 실패를 긍정적으로 대면하는 습관은 매우 중요합니다.

뭔가 실패했다는 것은 무언가를 계속하고 있다는 증거이기도 합니다. 알베르트 아인슈타인의 말처럼 실수한 적이 없는 사람은 새로운 것을 시도하지 않는 사람입니다. 세상을 살아가는 우리는 일상적으로 크고 작은 실패를 경험할 수밖에 없어요. 그런데 실패를 회피하고 도망 다닌다면, 결국 그 실패는 한恨으로 남게 됩니다. 이와 반대로 실패를 대면하고 그 실패를 반복하지 않을 방법을 궁리하면 그 실패는 꿈으로 변합니다. 세계적인 바이올리니스트 정경화도 "자신에게 실수할 기회를 주세요. 그 실수를 극복하면 반드시 성장할 수 있어요"라고 말했죠.

과연 어떻게 실패를 긍정적으로 대면할 수 있을까요? 실패에서 배우는 것에도 단계가 있습니다. 가장 먼저 실패를 인정하는 것이 1단계입니다. 실패를 애써 부정하지 마세요. 마음이 더 힘들어집니다. 쿨하게 인정하고 나서 주변 사람들과 함께 '실패 파티'를 열어 왁자지껄하게 자신의 실패담을 늘어놓고 공유해보세요. 금연, 다이어트, 프로젝트, 운동, 연애, 자격증 취득 등 실패한 거라면 뭐든지 자유롭게 얘기를 나누세요. 실패 파티는 뭔가를 배우기 위한 자리가 아닙니다. 서로에게 조언할 필요도 없어요. 그저 상대의 실패를 공감하고 격려하면 됩니다. 실패자를 루저라 규정하지 않고 유쾌하게 위로하고 실패를 다시 대면할 수 있도록 용기를 북돋워 주면 돼요. 내가 뭔가를 하고 있다는 증거로 실패했음을 축하하고 공유함으로써 스스로 힘을 내고 다른 사람에게 레슨도 하는 겁니다.

　이제 실패를 대면할 용기가 생겼다면, 그다음은 실패에서 무엇을 배웠으며 어떻게 하면 반복하지 않을 것인지 고민할 차례입니다. 민망하기도 하고 아쉬움도 남고 후회도 되겠지만, 실수나 실패를 되돌아보는 습관은 결국 성공 습관이 될 것입니다. 인도 타타Tata그룹의 하잔 타타Rajan Tata 회장은 "실패는 금광이다"라고 말했습니다. 당신의 금덩이도 실패의 경험 속에 묻혀 있습니다. 지금 다시 어둠을 뚫고 금광에 들러보길 바랍니다. 반짝반짝 빛나는 금덩이가 당신을 기다리고 있을 테니까요.

직장인의 바른 습관

6
매너리즘의 진창에서 빠져나오는
'CAR' 운전법

어릴 적에 가지고 놀던 인형 중 태엽 인형이라는 장난감이 있었습니다. 인형의 등 뒤에 달려있는 태엽을 돌려주면 태엽이 돌아간 만큼 스스로 움직이는 신기한 인형이죠. 저는 어른이 된 이후에도 가끔 그 태엽 인형이 생각납니다. 업무로 바쁘거나 의욕이 떨어질 때면, 그 인형처럼 누군가 내 뒤의 태엽을 감아주고 몸이 자동으로 움직일 수 있다면 얼마나 좋을까라는 상상을 합니다. 하지만 현실에는 등 뒤의 태엽도, 태엽을 감아주는 미지의 손도 존재할 리 없습니다.

직장인의 가장 큰 스트레스는 매일 직장에 출근하는 일입니다. 출퇴근이라는 반복의 굴레는 매너리즘이 자라는 토양이 되기도 합니다. 하지만 좋은 점도 있습니다. 대부분의 직장인은 한 달간 출근하여 정해진 업무 시간을 채우면 다음 달에 반드시 급여가 나옵니다. 반면 프리랜서는 상황이 좀 다릅니다. 일하지 않고, 결과물이 없으면 절대 급여를 받을 수 없습니다. 그래서 많은 개인 사업자들이 직장인들을 부러워하는 게 아닐까요?

하지만 직장인들이 빠지기 쉬운 함정이 하나 있습니다. 그냥 직장만 다녀서는 오래 다닐 수 없다는 점입니다. 회사는 개인의 성과와 업무 능력을 평가합니다. 때문에 오래 다니고 싶은 의지만으로는 오래 가지 못합니다. 다시 말해 모든 직장인은 예외 없이 근무 시간의 질을 높여야 한다는 말입니다. 그런데 이는 몰입의 빈도가 아니라 몰입의 순간 강도를 높이는 것을 말해요. 몰입은 집중과 동의어라 할 수 있는데, 몰입의 순간 강도를 확 끌어올리는 힘을 집중력이라고 할 수 있습니다.

거의 모든 사람이 어릴 때부터 그렇게 노력했건만 집중력을 높이기란 결코 쉽지 않습니다. 학창 시절 책상 앞에 앉아 영어책을 펼친 순간 책상을 정리해야 할 것 같고 시험 계획서를 작성해야 할 것 같지 않았나요? 교과서만 아니라면 모든 책이 너무나 읽고 싶었던 그런 심리 말이죠. 저도 그랬습니다. 뭔가 할 일이 있음에도 또 다른 것을 하고 싶은 청개구리 심리요. 마치 코끼

직장인의 바른 습관

리를 떠올리지 말자고 결심한 순간 머릿속으로 하루 종일 코끼리 생각만 하는 것과 같습니다. 멍 때리기 대회에 나가서 멍에 집중하기 쉽지 않은 것도 비슷한 이유에서죠.

그래서 사람들은 습관이 필요하다고 말합니다. 보다 정확하게 말하면 집중의 습관이 필요하다는 겁니다. 몰입을 위해 집중 데시벨을 높이는 습관을 들이면 결코 시간에 추적당하지 않습니다. 그렇다면 집중 데시벨은 언제 높아질까요? 사람이 집중하고 몰입하게 되는 동기에는 아이러니한 두 가지 측면이 있습니다.

하나는 결핍입니다. 배우 송강호를 모르는 사람은 없을 겁니다. 우리나라를 대표하는 배우로 부족한 것이 없는 것 같은 그에게도 결핍이 있습니다. 그는 흔히 말하는 유명 대학의 연극영화과를 나오지 않았기 때문에 인맥이 부족했고, 무명생활도 길었습니다. 하지만 오히려 이런 결핍이 동기부여가 되었고, 끊임없는 노력이 더해지면서 천만 배우가 되었습니다. 그의 주변인들은 그가 가진 결핍이 그를 대배우로 만들었다고 말합니다. 그는 지금도 여전히 맡은 역할을 완벽히 해내기 위해 독하게 연습하는 것으로 유명합니다. 또 다른 명배우 로버트 드 니로^{Robert De Niro}는 연기를 잘하는 비결에 대해 이렇게 말했습니다. "당신이 더 안 해도 되는 것을 더 잘하려고 노력하면 됩니다^{You have to do more something}

you don't have to do anything" 그는 스스로 결핍을 만들어내 자신의 능력을 한 단계 끌어 올린 배우라고 할 수 있습니다. 더 이상 노력하지 않고 안주해도 될 것 같을 때 내 안의 결핍을 살피시길 바랍니다. 결핍은 부족함을 깨닫게 하고 여러분을 나아가게 하는 긍정적인 힘을 지니고 있다는 것을 알아두세요.

여러분 곁에 보다 가까이 있는 한 사람을 예시로 들어보겠습니다. 바로 여러분이 집어 든 이 책의 저자인 제 이야기입니다. 저도 처음 강의를 시작했을 땐 무경험이라는 결핍이 있었습니다. 당시에도 국내는 흔히 말하는 자기계발 혹은 소통 전문 강사가 차고 넘치는 포화 상태였어요. 다양한 분야에서 능력 있는 강사들이 종횡무진 활약하고 있었습니다. 저는 그 레드오션에 발을 딛기는 했지만 기본기도 제대로 갖추지 못해 불안한 상태였어요. 그즈음 한 유명 출판사와 책을 출판할 기회가 생겼습니다. 출판사에서는 제게 시강을 제안했습니다. 단순한 강의가 아니라 강연을 해야 한다는 거였죠. 경험이 많지 않았던 저는 일단 강의와 강연은 어떻게 다른지 고민했습니다. 지식을 전달하고 가르쳐주는 강의와 달리, 강연은 청중 앞에서 이야기를 들려주는 사람으로 구분할 수 있겠더군요. 시강 날짜가 정해졌으니 주사위는 이미 던져진 거였죠.

저는 어떤 문제가 주어지면 기본으로 돌아가 어학 사전부터

직장인의 바른 습관

찾는 습관이 있습니다. 그래서 이번에도 사전을 찾아보니 강연講演의 연 자가 연기演技의 그 '연' 자와 같았습니다. 해답의 실마리가 바로 그 글자에 있었죠. 저는 강연을 위해 연기학원에 등록하게 되었습니다. 중년의 남자가 10대, 20대의 연극영화과 입시생들과 함께 발음, 발성, 몸짓 연기를 하려니 얼마나 민망한지, 무척 어려운 과정이었습니다. 그래도 두 달간 꾹 참고 개인 지도까지 받아가면서 연기의 기본기를 강연할 수 있을 만큼 배웠습니다.

그러고 나니 이제 강연은 조금 되는데, 무대 울렁증이라는 새로운 문제에 봉착했습니다. 그때 저는 또다시 조금 일반적이지 않은 선택을 했습니다. 탱고를 배우기로 한 겁니다. 탱고라는 춤은 아르헨티나 전통 탱고와 인터내셔널 탱고로 나뉘는데, 특히 인터내셔널 탱고는 무대를 모두 활용해야 합니다. 이런 이유로 탱고는 연사들에게 무척 좋은 무대 훈련법입니다. 무대의 크기와 거리, 동선 등이 모두 미리 보이거든요. 탱고를 오래 배우지는 않았지만 이때 탱고의 효과를 톡톡히 보았어요.

두 달 후 연기와 탱고로 장착한 저는 용감하게 파주로 시강을 나갔습니다. 첫 시강은 보완할 점이 많았습니다. 하지만 무경험이라는 결핍 덕분에 두 달 동안 엄청난 집중력을 발휘했고, 강연을 할 수 있는 기본기를 갖출 수 있었습니다. 이처럼 나의 결핍이 무엇인지 생각해보면 거기에서 집중과 몰입이 나옵니다.

몰입의 동기가 되는 것이 또 하나 있습니다. 그것은 보상입니다. 어릴 때는 공부든 운동이든 심부름이든 뭐든지 잘하면 상도 받고, 칭찬도 받고, 용돈도 더 받았습니다. 그런데 잘 생각해보면 회사에 입사하고부터는 도무지 상을 받거나 월급을 더 받을 일이 생기지 않습니다. 칭찬받는 일 또한 거의 전무하죠. 직장인들이 살맛도 안 나고 신이 나지 않는 것은 어쩌면 당연한 일입니다. 회사에는 엄연히 인센티브, 보너스, 진급이라는 포상 제도가 있지만 내게는 해당되지 않는다는 사실에 또 한 번 좌절합니다.

아직 포기는 이릅니다. 직장에 다닌다면 당신에게도 기회는 있습니다. 하지만 기회는 그냥 찾아오지 않습니다. 열심히 일한 사람만이 상 받을 자격이 있습니다. 그러니 상을 받고 싶다면 먼저 몰입하고 집중해서 성과를 올려야 합니다. 여기서 저는 한 가지 제안을 하고 싶습니다. 남이 주는 상을 받기 전에 먼저 자신에게 상을 주면 어떨까요? 저는 이런 과정을 'CAR'이라고 정의했는데, C는 commitment몰입, A는 accomplishment완수 그리고 마지막 R은 reward보상입니다. 내가 몰입해서 어떤 일을 완수했다면, 그다음에는 자신에게 보상하는 겁니다.

소소하지만 확실한 행복은 내가 몰입해서 어려운 일을 해내고 누릴 때 더욱 증폭됩니다. 이러한 CAR의 선순환에 나를 집어 넣어보세요. 도전이 필요한 일을 만났을 때 '이 일이 끝나면 나 자신에게 더 큰 상을 받겠구나'라고 생각해보는 겁니다. 그다음 두 팔 걷어붙이고 다이빙하듯 그 일에 뛰어드세요. 그런 후에 그 과정을 반추해보며 나에게 상을 주세요. 그렇게 스스로에게 상을 주는 것이 습관이 되면 나 자신을 믿고 일하게 됩니다. 그러다 보면 계속 성과를 내게 되고, 결과적으로는 남이 주는 상도 받게 됩니다. 오늘 여러분은 고군분투한 자신에게 어떤 선물을 준비했나요?

남들보다 앞서가고 싶은 8년 차 직장인

Q.

4차 산업혁명이 일어나면서 기존의 직업도 변화하고 사람이 하는 일도 많이 바뀔 것 같은데, 저는 변화하는 미래에 대비하여 무엇을 준비해야 할지 잘 모르겠습니다. 이대로 제가 하고 있는 일만 열심히 하면 되나요? 마음만 조급하네요.

A.

여러분의 직장 시계를 한번 볼까요? 직장생활이 8년 차라면 아침 8시입니다. 아직 시간이 많이 남아있으니 절대 조급해하지 않아도 됩니다. 시간을 앞당기려 하기보다는 오히려 자신의 적성과 맞는 미래를 준비하는 것이 중요합니다. 4차 산업혁명 시대에 맞는 잠재력을 키우며 미래를 준비한다면 점차 원하는 방향으로 '자유 이동'을 할 수 있습니다.

여러분이 키워야 할, 4차 산업혁명에 맞는 '4차 인재'의 잠재력은 무엇일까요? 우선은 강한 콘텐츠력, 즉 체험을 공유하는 힘을 길러야 합니다. SNS를 많이 하라는 말이 아닙니다. 스스로 콘텐츠를 체험하고 생산함으로써 공유하고 소비할 줄 알아야 한다는 말이에요. 다음으로 키워야 할 잠재력은 균형감입니다. 아무리 인공지능이 고도화된다 한들 최종 결정은 인간이 내립니다. 4차 산업혁명 시대에는 정보의 홍수 속에서도 균형감을 가지고 건전한 판단을 내리는 능력을 지닌 인재가 더욱 필요할 것입니다.

지금부터 직장 안팎의 경험을 콘텐츠화하세요. 짧은 글이나 그림, 사진이나 동영상으로 가볍게 시작하면 됩니다. 그리고 급변하는 시대에 중심을 잡아가는 선배들의 균형감을 배운다면 충분히 여러분의 잠재력을 키울 수 있습니다.

Plus+

4차 산업혁명 시대 직업의 변화

2016년 발간된 『세계미래보고서 2045』(박영숙, 제롬 글렌 지음, 교보문고)에 따르면 30년 후에 대체될 가능성이 큰 직업 중 하나가 변호사라고 합니다. 2017년 영국 유명 로펌 소속 변호사 112명이 케임브리지 법대생들이 만든 법률 AI '케이스 크런처 알파'와 맞붙었는데, 결과는 법률 AI의 압승이었습니다. 소송 여부를 예측하는 문제에서 케이스 크런처 알파는 86.6%의 적중률, 변호사들은 66.3%의 적중률을 보였습니다. 게다가 변호사들의 시간당 자문료는 300파운드(44만 원)인 데 비해 법률 AI는 17파운드(2만5000원)에 불과합니다. 앞으로는 전문적인 법률 의견은 리걸 테크^{legal tech}에 맡기고, 변호사는 고객의 심정을 헤아려 법률적인 조언을 해주는 '법률 심리 상담가'로 바뀌는 미래가 도래할 것입니다.

part 2

일머리 :

직장인의 뇌 사용법

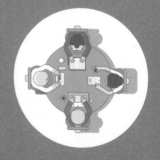

1
업무 효율을 끌어올리는
필승의 세트 피스

4차 산업혁명 시대에는 73일마다 지식과 정보의 양이 두 배가 된다고 합니다. 이렇게 많은 양의 정보를 처리하기 위해서는 반드시 협업이 필요합니다. 하지만 우리 사회는 협업을 그다지 반기지 않는 분위기입니다. 오히려 피곤하게 여기곤 하죠. 과잉 규범에 눌린 '신新 피로 사회'이기 때문입니다. 게다가 서로를 꼰대와 꼴통 등으로 규정해버리는 분위기 속에 중간 관리자도 길을 잃은 모습입니다. 직장인들이 점점 더 움츠러들고 조심스러워질 수밖에 없죠.

15세기 이탈리아에 안드레아 델 베로키오Andrea del Verrocchio라는 유명 조각가이자 화가가 있었습니다. 어느 날 15세의 못난 사생아가 그를 찾아와 자신을 제자로 받아들여달라고 간청했어요. 베로키오는 소년을 도제로 들이고 3년 동안 자신이 그린 그림의 구석에 천사를 그리게 했습니다. 소년은 다른 그림은 그리지 않고 자신만의 기법을 개발해 오로지 천사만 열심히 그렸죠. 베로키오는 소년의 실력을 알아채고 함께 〈그리스도의 세례〉라는 작품을 그렸습니다. 자신은 한가운데 그리스도를, 소년은 오른쪽 아래 천사를 그렸는데, 이렇게 스승과 제자의 협업으로 명작이 탄생했습니다. 제자의 열정과 노력에 스승은 자리를 내주었고, 완벽한 팀워크 속에 명작이 탄생했던 겁니다. 그 소년의 이름이 바로 레오나르도 다빈치입니다.

이제 본론으로 들어가 볼까요? 구기 종목에서 미리 짜놓은 계획과 전략대로 상대의 골문을 공격하는 필살기를 '세트 피스set piece', 다른 말로는 '세트 플레이set play'라고 합니다. 특히 공이 멈춰 있을 때 시도하는 공격술이죠. 세트 피스는 사전에 공개하지 않는 만큼 비밀리에 연습해요. 그만큼 중요한 전술이기 때문입니다. 회사에서 내가 무엇을 해야 하는지, 어디에 자리를 잡아야 하는지 결정하는 것도 이 세트 피스와 같다고 할 수 있습니다.

모든 일은 축구 경기 중의 공처럼 계속 굴러가야 해요. 공이 멈추듯 일이 멈췄다면 집중해야 합니다. 그 순간이 기회가 될 수도, 위기가 될 수도 있기 때문입니다. 축구로 바꿔 말하면, 골인을 할 수도 있고, 데드볼로 끝날 수도 있다는 이야기입니다. 심지어 상대에게 공이 넘어갈 수도 있습니다. 그렇기 때문에 직장에서 나의 자리를 찾아 일을 적시적소에 굴리는 습관이 필요합니다.

세트 피스의 핵심 키워드는 '제자리'와 '내 역할'입니다. 모든 것에는 저마다 어울리는 자리가 있고, 자리에 맞는 역할이 있습니다. 조직의 크기나 직급의 상하가 중요한 게 아닙니다. 자신의 자리와 역할을 정확히 알아야 합니다. 그래야 절호의 기회가 왔을 때 이를 잡을 수 있습니다.

보통 골키퍼가 그라운드 중간까지 나와서 공을 찰 때는 수세에 몰렸다는 것입니다. 골키퍼는 골대 앞을 지키고 있어야 하는데 말이죠. 다시 말해, 직장인이라면 직장 내 자신의 위치에서 약속된 R&R^{role&responsibility}대로 공격할 준비를 하고 기회가 왔을 때 정확히 실행해야 한다는 말입니다.

회사에서 팀을 짜고 직급을 부여하는 이유가 뭘까요? 한마디로 그 업무와 위치에 맞게 일하라는 요구인 거죠. 이사의 직급을 달고도 대리처럼 일해서는 김 대리라는 우스운 별명을 달게 됩니다. 반대로 과장인데 상무처럼 일하면 박 상무라는 별명을 가질 수도 있습니다. 이 두 사람이 각각 어떤 평가를 받을지는 불을 보듯 뻔합니다. '제자리를 벗어나면 좋은 것이 전혀 없고, 제자리에서는 나쁜 것이 전혀 없다'는 미국 격언이 떠오르는 건 왜일까요?

직장인은 자신에게 맞는 자리에서 자신에게 맞는 일을 해야 합니다. 물론 그 일과 위치는 감독인 리더가 알려주고 훈련시켜야 합니다. 그런데 대부분의 직장이 아주 친절하고 세세하게 일러주고 설명해주는 곳은 아니더군요. 자신이 알아서 눈치껏 분위기도 파악하고 업무도 스스로 챙겨야 하는 측면이 있긴 합니다. 직장생활을 하면서 똥볼을 찬 경우는 스스로 자리를 찾지 못했거나 자신의 역할을 못했을 때입니다.

예전에 제가 메가 프로젝트의 테스크포스팀의 팀장을 맡았을 때 일입니다. 그 팀은 직급과 관계없이 업무를 수행하는 '애자일 조직^{agile team}'이었어요. 애자일 조직이란 의사 결정자와 업무 수행자가 동일하고, 일단 민첩하게 실행한 뒤 상황의 변화에 따라 수정하고 보완하는 조직을 말합니다. 문제는 제가 애자일 조직의 미션과 일정을 제대로 이해하지 못한 채 조직의 리더를 맡았다는 사실이었습니다. 그로 인해 전혀 예기치 못했던 상황을 맞이하기도 했습니다.

처음에 저는 의사 결정자로서의 역할만 했는데, 그랬더니 업무 실행이 늦어지더군요. 그래서 이번에는 실무를 수행하기 시작했더니 다시 또 의사 결정이 미뤄졌어요. 한동안 제가 있어야 하는 자리와 역할을 이해하지 못했고 팀원들에게도 제자리를 정해주지 못했던 거죠. 결국 팀원들은 그저 운동장을 어슬렁거렸고, 경기 시간은 흘러가는데 업무 목표는 공중에 떠버리고 말았습니다. 이러한 심각한 상황을 돌파한 비책은 세트 피스였어요. 먼저 팀원들에게 자리를 정해주었는데, 물론 일정하게 움직일 공간도 주었습니다. 서로 겹치는 부분이 있더라도 '일 공간'을 배정한 거죠. 그러고 나서 고객의 반응에 따라 세 가지 대응 방안을 수립했습니다. 저 역시 제자리와 내 역할을 세 가지 상황에 따라 각각 설정했어요. 고객들이 보인 하나의 반응에 따라 우리 팀은 빠르게 움직이며 세트 피스를 약속된 방법대로 수행했습니다. 각각 재무, 영업, 인사, 마케팅, 생산 파트별로 공을 주고받으며 골문을 향해 달렸습니다. 결국에는 골을 넣었고 그 프로젝트는 성공적으로 끝났습니다.

프랑스 격언 중에 '세세한 것들이 조화를 이루는지 그리고 전체적으로 질서를 이루는지 살펴야 한다'는 말이 있습니다. 이 말대로 조화는 질서가 바탕이 되어야 합니다. 특히 4차 산업혁명 시대에는 개인에게는 창의적인 조화가, 조직에는 자유로운 질서가 필요합니다. 직장인들이 자신의 역할을 자신의 자리에서 약속된 방법으로 해내려면 창의성이 필요해요. 자신을 어필할 방법은 창의성을 통해 다른 세트 피스를 해내고 자신의 진가를 발휘하는 일입니다. 이와 동시에 혼란스럽지 않되 자유롭고 유연한 질서가 있으면 상대의 골문 앞에서 주도권을 가질 수 있는 거죠.

이제 여러분이 주목해야 할 것은 자기 자리에서 약속된 방법대로 역할을 해내는 습관입니다. 오늘 점심 식사를 하며 상사에게 이렇게 물어보세요. "팀장님, 제 자리는 어딘가요? 제 역할은 무엇인가요? 만약 기회나 위기가 오면 누구와 어떻게 세트 피스를 하면 될까요?"

2
눈감고도 칼 각 맞추는
발레파킹 업무 정리

프리랜서인 저는 저 자신이 1인 기업입니다. 제가 사원이자 사장이므로 저의 능력과 상황에 맞게 일의 순서를 정하여 처리할 수 있습니다. 하지만 직장인에게는 업무 순서를 정하는 것이 가장 곤혹스러운 일 중 하나일 겁니다. 예를 들어, 내일 있을 행사 준비를 하고 있는데 팀장님으로부터 갑작스러운 업무 지시가 내려온 경우 어떻게 해야 할까요? 한쪽을 선택하면 다른 한쪽에 지장이 생기는 이런 곤란한 경험을 다들 한 번쯤은 해봤을 겁니다. 만약 이와 비슷한 상황에서 어떻게 해야 할지 몰라 갈팡질팡한다면, 여러분은 다음의 두 가지의 상황 중 하나에 해당하는 것이 분명합니다.

첫 번째는 일의 순서를 스스로 정한 경우입니다. 물론 시니어가 되어서는 당연히 자신이 일의 순서를 정하게 됩니다. 하지만 10년 차 이하인 주니어일 때는 일의 순서를 내 마음대로 정해서는 안 됩니다. 주니어일 당시 저는 이 원칙을 어긴 적이 몇 번 있습니다. 하고 싶거나 하기 편한 일 혹은 왠지 그 일을 먼저 해야 할 것 같다는 지극히 주관적인 기준으로 일의 순서를 정했죠. 그 결과, 회사가 생각하는 일의 순서와 나의 순서가 뒤바뀌어 하지 않아도 되는 야근을 하게 되었습니다. 머리가 나쁘면 몸이 고생한다는 말이 딱 이런 경우를 두고 하는 말이죠.

두 번째는 조직이 정해주지 않는 경우예요. 회사나 상사가 일의 순서를 잘못 정해서 직원이 두 번 세 번 일하거나 타이밍을 놓쳤다면, 전적으로 조직과 상사의 책임입니다. 그래서 상사의 역할이 중요합니다. 상사는 후배 직원의 업무 순서를 정해줘야 하는데, 많은 상사가 단순히 지시만 할 뿐 업무의 경중, 순서, 완급을 제대로 설명하지 않더군요. 하지만 절대로 이렇게 마구잡이로 일을 해서는 안 됩니다. 일에도 은행에서처럼 번호표가 있습니다. 그 번호표대로 일의 순서를 매기고 상사와 함께 그것을 확인하는 습관이야말로 워라밸work and life balance, 일과 삶의 균형 시대에 반드시 필요한 덕목이라 할 수 있습니다. 안 그러면 저처럼 쓸데없이 야근을 자초하게 될 테니까요.

일의 순서를 찾는 방법 가운데 첫 번째로 가장 쉬운 것은 납기, 즉 마감 기한입니다. 이 일은 언제까지 해야 되는지, 저 일은 언제까지 하면 되는지 분명하게 확인해야 합니다. 일의 납기를 ASAP<small>As Soon As Possible, 최대한 빠르게</small> 혹은 해질녘쯤으로 정하는 것은 정말 무책임한 짓입니다. 캘린더나 다이어리에 분명히 명시할 수 있는 마감을 정해야 합니다. 이 일을 언제까지 할 것인지 정하는 것이 가장 손쉬운 일의 순서법이라 할 수 있어요.

두 번째는 이 일이 얼마나 중요한 가치를 지니는지 파악해 보는 것입니다. 바로 일의 경중에 따라 일의 순서를 정하는 것이죠. 모든 일이 중요하지만 상대적인 중요성은 각기 달라요. 너무나 중요한 프로젝트라서 납기에 여유가 있더라도 지금부터 시작하거나 납기보다 일찍 끝낸 다음 검수 가능한 여유 기한을 두어야 할 때도 있습니다. 이런 경우 일의 순서를 우선 자신이 판단하고, 상사나 동료, 관련 부서와 함께 중간 정류장에 들러 확인 절차를 거쳐야 합니다. 어떤 일이 더 중요한지 잠깐 정류장에 멈춰 확인하고 가는 겁니다. 그때 중요도의 큰 잣대가 되는 것이 업무에 필요한 경제적인 비용 혹은 업무 결과에 나오거나 기회비용으로 날아가는 돈입니다. 일의 중요성과 밀접하게 관련되는 것이 바로 액수인 거죠. 그래서 일의 순서를 정하는 두 번째 기준에 이 일에 얼마의 비용이 들어가는가 하는 부분까지 포함하여 고려해야 합니다.

한편, 회사 내에서 업무를 하다 보면 언제나 변수라는 녀석이 도사리고 있습니다. 부득이하게 일의 순서가 바뀌어야 할 때, 이 변수를 고려하는 순서 재설계 능력redesigning이 직장인들에게 매우 중요합니다. 예전에는 상황에 변수가 생겼을 때 개인의 문제해결 능력도 중요했지만, 기본적으로 일정이 바뀌는 것 자체가 무척 번거로웠습니다. 연락도 어렵고 연락하는 데도 시간이 오래 걸렸으니까요. 하지만 지금은 마음만 먹으면 클릭 몇 번, 터치 몇 번으로 순식간에 조정이 가능해요. 전체적인 일의 순서를 바꾸는 게 예전보다는 어렵지 않습니다. 따라서 그 순서에 따라 자신이 맡고 있던 일의 순서도 빠르게 재설계돼야 합니다. 제가 굳이 재조정rescheduling 대신 '재설계'라고 표현한 이유를 알았을 겁니다. 일의 순서가 재조정되면 일의 진행 방법도 재구성되어야 하기 때문입니다.

제가 팀장으로 근무할 때 있었던 일입니다. 오후에 잡힌 회의가 갑자기 취소되고, 같은 시간대에 새로운 회의가 잡혔어요.

직장인의 바른 습관

주제도 참석자도 당연히 모두 바뀌었습니다. 팀 담당자는 기존 회의를 준비하다 갑자기 새로운 회의를 개최해야 하는 상황이었어요. 그럼 가장 먼저 무슨 일을 해야 할까요? 기존 참석자들에게 회의 취소를 통보하는 것이 중요할까요? 아니면 새로운 회의실을 잡는 것이 중요할까요? 일의 순서로 보면 새로운 회의 참석자들에게 회의 일정을 통보하는 것이 우선입니다. 회의실이 없으면 카페에 모여서라도 하면 되니까요. 또 새로운 회의 주제는 모여서 각자 스마트폰으로 보면서 해도 됩니다. 기존 참석자들의 회의 취소 통보나 기존 회의실 취소는 새 회의 참석자에게 통보한 다음에 해도 무방한 일들입니다.

일을 순서대로 줄 세우는 게 얼마나 중요한지 알았다면, 이제는 순서에 맞게 일을 빼는 습관에 대해서도 알아야 합니다. 쉽게 설명하면 순서대로 일을 마무리하는 습관인 발레파킹(대리 주차)을 예로 들 수 있습니다. 한정된 주차장에 차가 들어오기 시작하면 주차 관리자는 들어온 순서나 예상 소요 시간 아니면 단골 순서로 주차를 하겠죠. 또 나중에 차를 가장 편하게 뺄 수 있는 방법까지 고려했을 겁니다. 결과적으로 고객이 나올 때마다 순서에 맞춰 차를 뺄 수 있도록 하는 것이지요. 여기서 가장 중요한 사실은 애초에 주차할 때 차를 빼는 부분까지 염두에 둬야 차를 빼기가 수월하다는 점이에요. 직장인들에게 주어진 업무 또한 매일 처리할 수 있는 만큼의 분량으로 나누어야 합니다. 그날의 업무량을 차에 비유하자면, 당일 주차한 차가 퇴근 전에 모두 빠져야 해요. 그래야 내일 다시 새로운 차들이 주차될 테니까요. 일의 순서를 정했다면 거기에 맞춰 그날 일은 모두 뺄 수 있도록 업무 시간을 효율적으로 사용해야 합니다. 오늘 주차됐던 일은 모두 빼셨나요?

직장인의 바른 습관

3

일이 술술 풀리는 노하우
연락 프로토콜

직장인은 업무를 처리할 때 절대로 드라마 판의 쪽대본처럼 연락해서는 안 됩니다. 연락 프로토콜의 질서에 따라 연락해야 하죠. 여기서 연락 프로토콜이란 연락의 체계적인 순서입니다. 이스라엘 말로 로시가돌roshgadol은 큰머리를 뜻해요. 내가 맡은 바에 대해서는 큰머리, 즉 일머리를 크게 써서 성과를 이루어내야 합니다. 연락의 프로토콜을 세우는 것은 큰 일머리로 과정을 설계하는 것입니다. 사전에 연락할 사항과 목적, 수신 대상, 도구, 연락 후 바라는 결과를 미리 메모한 뒤 그대로 실행하는 것이죠. 연락의 흐름도를 미리 머릿속에 그리고, 하나씩 곱씹으며 실행하고 피드백을 하는 과정을 통해 최적화해 갑니다. 이렇게 연락의 프로토콜을 설계했다면 그대로 실행하고, 불측의 상황이 발생하면 다시 최적화하여 재설계하면 됩니다.

프로토콜을 설계하려면 어떻게 해야 할까요? 우선 상황을 정확하게 알아야 합니다. 의사들이 수술하는 상황을 상상해보세요. 의사는 수술실에 들어가기 전에 엑스레이 등 각종 진료 기록을 미리 확인하고 들어갑니다. 환자의 현재 상태를 확실히 체크하고 집도를 시작해야 하기 때문이죠. 수술실에 들어가는 의사처럼 직장인들도 현재 상황과 자신이 해야 하는 업무의 정의를 명확히 알아야 합니다. 그 역할과 현황에 따라 연락의 순서와 도구가 정해져 있어야 하는 거죠.

주변을 보면 연락의 도구나 순서를 생각하지 않고 '해보면 알아. 해보다 안 되면 말지!'라며 무조건 시작부터 하고 보는 경우가 있어요. 이는 수술실에 들어가는 의사가 일단 개복부터 하고 결정하자는 것과 같아요. 개인적으로나 회사 차원에서나 이처럼 예정된 시행착오는 시간이라는 중요한 자본을 낭비하여 업무 효율을 떨어뜨립니다.

또한 많은 직장인이 자신의 기억력을 과신하는 경향이 있습니다. 자신이 진행한 프로젝트에 관련된 사항을 따로 메모하지 않고 기억에 의존하고 스스로를 믿는 거죠. 그래서 어떤 프로젝트를 성공적으로 끝내면 머릿속에서 그 기억을 다 지우거나 기록을 남기지 않는 경우가 많아요. 때로는 내 머릿속에 남아있으니까 개인의 암묵지로 덮어두기도 하죠. 하지만 저는 이러한 암묵지를 눈에 보이는 형식지로 바꿔야 한다고 강조합니다. 그리고 그 방법은 기억을 기록하는 것입니다. 현장에서의 경험과 프로젝트를 진행하면서 알게 된 다양한 노하우를 회사의 기록 자산으로 남기는 일은 거듭 강조해도 절대 지나치지 않아요.

또한 이번 프로젝트에서 주고받았던 연락의 프로토콜은 프로젝트가 끝나고 나서도 축적해야 합니다. 요즘처럼 팀 단위로 업무가 진행될 때는 퍼즐처럼 함께 정보를 모으지 않으면 연락의 프로토콜은 증발하고 말아요. 당신의 기억력을 지나치게 믿지 마세요. 프로토콜을 축적하고 자료로 남겨야만 그것이 형식지화돼 집단 지식이 되어 후배들에게 전수되니까요.

저는 사내 변호사로 일할 때 다수의 M&A를 경험해보았습니다. 주로 M&A를 하는 입장, 즉 기업을 사는 입장이었는데 M&A 프로토콜은 대상 기업 선정, 법무법인과 회계법인의 대상 기업 실사, 실사 후 기업 재무 상황에 따른 가치 산정, 기업의 잠재 채무 처리 방법, 기업 인력과 자산의 승계 여부, 기존 주주의 기업 채무 보증 방안, 대금 지급 방법 협의, 계약서 협상 및 최종 서명이라는 복잡한 프로토콜을 거쳐요.

이런 인수합병 프로세스를 반복하다 보면 나만의 프로토콜이 축적되고, 연락이 오고 가며 내용이 공유되면 협업이 이루어져요. 그러나 그 내용을 정리해두지 않았더니, 이전과 비슷한 이슈가 생겼을 때 불행히도 기억이 안 나서 다시 원점에서 시작한 경우도 있었습니다. 그때 기록을 해 두지 않은 것을 후회했죠.

그렇다면 어떻게 프로토콜을 축적하고 개선할까요? 네 가지 방법의 알파벳 첫 글자를 딴 '파일FILE'이라는 개념을 소개합니다. 첫 번째 'F'는 프레임frame이에요. 프레임을 잘 짜야만 프로토콜을 축적하고 개선할 수 있어요. 예전에 한 후배가 보고서를 책처럼 만들어 들고 다녔어요. 이유를 물으니 처음 프로젝트를 시작할 때 보고서를 묶어 내용을 계속 덧붙이고 메모도 하다 보니 프로젝트가 끝나고 책 한 권이 남았고, 그것이 굉장히 좋았다고 말했습니다. 어떤 프로젝트를 만나든 남겨야 할 기록이 있다면 잘 정렬된 프레임에 그 기록을 축적하는 습관을 들이시기 바랍니다.

두 번째는 이슈issue예요. 특히 이슈는 반복되기 때문에 잘 메모를 잘 해둬야 합니다. 회사 생활을 하다 보면 똑같은 사고, 똑같은 일, 똑같은 쟁점이 반복되는 경우가 많아요. 그래서 해당 쟁점과 친숙한 직장인은 같은 문제를 만나도 노련하게 처리할 수 있죠. 그러나 연차가 쌓일 수록 경험은 많아지는 반면 그 이슈의 자세한 내용은 점점 잊어버리고 맙니다. 그러므로 이슈는 상세히 기록해둘수록 좋습니다.

　세 번째로 'L'과 네 번째 'E'를 의미하는 단어는 레슨^{lesson}, 즉 교훈입니다. 이 프로젝트에서 배운 교훈과 경험을 반드시 기록으로 남겨야 합니다. 앞서 소개한 내용을 다시 정리하면, 프레임을 짜서 당신이 했던 연락의 프로토콜을 그 프레임에 맞게 축적합니다. 그러고 나서 반드시 다뤄졌던 쟁점, 논쟁, 이슈를 메모해서 똑같은 쟁점이나 유사한 문제가 발생했을 때 참고할 수 있도록 정리해두세요. 프로젝트를 진행하면서 쌓이는 노하우는 회사는 물론 자신과 동료들을 위한 지적 자산이 분명해요. 반드시 레슨을 잘 축적해서 기록하길 바랍니다.

　프로젝트를 스테이크 덩어리로 비유한다면, 한입 크기로 잘라서 기록해야 먹기도 편하고 소화도 잘됩니다. 연락 프로토콜은 업무 단위별 혹은 업무 파트너별로 프레임화하여 정리하면 좋아요. 일자별로 정리하는 것은 권하지 않습니다. 이때는 유선, 이메일, 보고서, 대면 미팅 등 연락의 도구도 표시해두세요. 또한 자신과 상대의 입장을 분명히 표시해놓아야 합니다. 그 입장의 차이가 바로 이슈입니다. 그 이슈가 하나씩 제거된 과정이 프로젝트가 진행되었다는 진도표가 됩니다. 이런 이유로 빽빽하게 기록하기보다는 이슈별 혹은 이벤트별로 보기 좋게 정리하는 것이 좋습니다. 연락 프로토콜은 통화 기록이 아니라 연락의 기록이기 때문에 인덱싱indexing이 가능하도록 정리하기 바랍니다. 기록이란 단순히 사실을 기록하는 것만이 아니기 때문에 일종의 포지션 페이퍼나 이슈 리포트처럼 기록하면 좋아요.

연락의 프로토콜을 남기는 이유는 또다시 같은 이슈나 상황을 만났을 때 지난 경험을 활용하기 위함입니다. 단순한 백서는 연락의 프로토콜 기록이 아닙니다. 그래서 연락의 프로토콜은 자신이 이해할 수 있는 언어로 기록하는 것이 필요합니다. 회사에 제출하기 위한 업무일지가 아니라 내가 업무를 진행하면서 실행했던 연락을 재활용하기 위한 기록이기 때문입니다. 그래서 저는 이런 방법을 제안하고 싶어요. 먼저 연락의 프로토콜을 자신의 언어, 즉 '주관어'로 저장해두었다 그 연락을 동료나 상사가 사용하게 되면 그때 '객관어'로 번역해서 인수인계하면 됩니다. 외국어나 기호를 활용해도 좋습니다.

프로젝트를 진행할 때는 프로토콜을 기록하는 시간과 날짜를 정해놓으세요. 매일 5분 혹은 일주일에 한 시간 등 스스로 정한 시간에 '기록의 방'에 들어가서 훑어보아야 합니다. 당연히 그 방에 있을 때는 잠시 외부와의 소통을 중단해야 하겠죠. 마지막으로, 기억의 트랙이 되어주는 이메일이나 통화나 문자 기록 등은 프로젝트의 기록이 완료되기 전에는 쉽게 삭제하지 마세요.
헨젤과 그레텔의 빵 조각처럼 반드시 흔적을 남기길 바랍니다.

4
디자이너처럼 생각하고
변호사처럼 말하라

텔레비전을 틀면 먹방 프로그램이 우리의 눈과 귀를 사로잡죠. 하지만 제가 자신하건대, 조만간 '뇌방'의 시대가 도래할 것입니다. 뇌를 채우는 예능 방송, 즉 뇌가 즐거워하고 뇌가 재미있는 방송 말입니다. 뇌 과학은 이미 대중적인 예능 주제가 되었어요. 뇌 과학을 넘어 사회학, 심리학, 인류학, 정신학 등을 바탕으로 인간 행동의 법칙을 활용한 '행동과학' 예능이 활발해질 미래가 기대됩니다. 그렇다면 앞으로 다가올 뇌의 시대를 대비해 우리 직장인들에게는 어떤 습관이 필요할까요?

이제부터는 의도적이든, 습관적이든 우뇌로 생각하고 좌뇌로 말해야 합니다. 인간의 뇌는 우뇌와 좌뇌로 나뉘는데, 우뇌는 창의성, 비주얼, 예술성, 상상력, 직관력을 담당하고 좌뇌는 논리력, 언어력, 수리력, 분석력 등을 담당해요. 한때 우뇌형 인간인지, 좌뇌형 인간인지를 분석하는 이론도 있었고, 한국에만 있을 법한 분류로 문과형 인간인지 이과형 인간인지 분류하는 방법도 있었지요. 하지만 뇌 과학자들은 오른손만 쓰거나 왼손만 쓰는 사람이 없듯이 우뇌와 좌뇌는 언제나 함께 작동하고 같이 쓰인다고 강조합니다.

직장인은 어떤 문제에 부닥쳤을 때 그 문제를 어떻게 해결하느냐에 따라 개인의 능력이 검증되고 평가되곤 합니다. 이때 문제 해결의 방법으로 우뇌와 좌뇌를 함께 써보세요. 그렇다면 어떻게 문제를 해결할 때 우뇌와 좌뇌를 함께 잘 쓸 수 있을까요? 먼저 문제를 잘게 쪼개서 분석한 다음 직관적이고 창발적으로 정답을 찾아보시기 바랍니다. 그다음 이를 논리적으로 실행해야 합니다. 그러니까 우뇌로 정답을 찾고, 좌뇌로 실행하면서 따로 또 함께 각자의 역할을 수행하게끔 하는 거죠.

프랑스에는 '머리가 병약하면 나머지도 모두 병약하다'는 격언이 있어요. 직장인이 문제를 합리적으로, 또 스트레스 없이 건강하게 해결하기 위해서는 어떻게든 '두뇌력'을 길러야 합니다. 두뇌력을 기른다는 것은 우뇌와 좌뇌를 함께 키운다는 것이죠. 그 훈련 방법은 아주 간단합니다. 낯선 것끼리 붙이고 합쳐보세요. 그러기 위해서는 회사 업무 말고 내 눈에 익숙하지 않은 것을 접할 수 있는 다양한 취미 활동을 경험해야 합니다. 그림, 독서, 운동, 여행도 좋지만 의외로 엉뚱한 공부를 하는 것도 권합니다. 그렇게 익힌 것들을 서로 뜬금없이 결합collaboration해보는 겁니다. 이런 낯선 결합은 도심의 호수에 풍선 오리를 띄우는 발상처럼 교차 사고cross-thinking를 하는 습관을 기르게 합니다. 교차 사고를 하다 보면 흩어져있던 우뇌와 좌뇌의 파편들이 결합하여 새로운 아이디어가 떠오를 것입니다.

최진기 선생도 이와 같은 결합을 '현대미술과 낯설게 하기'라는 흥미로운 주제로 그의 저서 『한 권으로 정리하는 4차 산업혁명』(최진기 지음, 이지퍼블리싱)에서 논한 바 있어요. 그의 이력과 전혀 상관없어 보이는 미술이라는 분야에서 그는 낯선 것을 접하고 많은 영감을 얻었을 겁니다. 최진기 선생의 경우처럼 직장인이라면 창의성과 논리성을 함께 지닌 균형 잡힌 업무 습관을 지녀야 합니다. 그래야만 디자이너처럼 생각하고 변호사처럼 말할 수 있습니다. 결과적으로는 균형 감각을 가지고 우뇌와 좌뇌를 결합하여 종합적으로 사고하고 표현해야 한다는 말이죠. 생각에 한계를 두지 않고 서로 넘나들다 보면 그 안에서 나만의 균형점을 찾고 중심을 잡을 수 있어요. 호수 위 풍선 오리가 넘어지지 않고 잘 떠 돌아다니듯 말입니다.

그런데 제가 균형 감각을 강조하는 이유는 따로 있습니다. 균형은 대칭이고 구도인 동시에 과학이기 때문입니다. 제가 미국에서 경영학 석사와 법학 석사를 공부할 때 MBA 강의실에는 '수익과 확장profit and expansion', 로스쿨 강의실에는 '정의와 공평justice and fairness'이라는 말이 쓰여있었어요. 제가 자본주의와 영미법의 본산지인 미국에서 익힌 이 두 개의 가치관은 24년간 직장생활을 하는 내내 저만의 균형 감각을 지켜주었습니다. 이 두 개념은 법무실장으로서 저의 업무 철학이기도 했습니다. 기업의 궁극적인 목표인 수익 창출을 우선으로 하되, 그 과정은 공명정대해야 한다는 철학을 항상 가지고 있었죠.

이에 대해서는 노나카 이쿠지로野中郁次郎의 이론도 살펴볼 필요가 있어요. 20여 년 전 이쿠지로 교수는 미국 캘리포니아 유씨버클리 대학의 첫 지식학 교수로, 동양의 피터 드러커로 불렸습니다. 그는 『지식창조기업』(노나카 이쿠지로, 히로타카 다케우치 지음, 세종서적)이라는 저서에서 일본 기업의 성공 조건을 제시했어요. 그의 이론적 출발은 서양과 동양의 지식 대비였어요. 서양의 지식은 과학적이고 데이터나 정보로 관리되는 반면, 동양의 지식은 인간의 전문적인 지식이나 경험에 근거한다고 해요. 전자를 형식지explicit knowledge, 形式知, 후자를 암묵지tacit knowledge, 暗默知라고 합니다.

이쿠지로 교수는 개인의 경험이나 지식, 직감에서 비롯된 동양의 암묵지는 직선적이지 않고 애매한 부분이 많아 서양처럼 과학적 지식이나 데이터로 변환되기 어렵다고 말했어요. 그래서 동양의 지식인 암묵지를 서양의 형식지로 변환한다면, 이 형식지는 개인이나 조직에 공유되어 조직적 지식이 될 것이라고 강조했습니다. 또한 형식지는 다시 개인에 의해 암묵지화되고, 그 암묵지는 다시 매뉴얼화되어 형식지로 변환되면서 나선형으로 지식이 증폭된다고 말했습니다.

이 이론을 직장생활에 적용해볼까요? 누군가가 이뤄낸 훌륭한 업무 성과가 그저 경험에 녹아들고 기록되지 않아서 시간이 지났을 때 자신조차 기억하지 못하는 경우가 비일비재합니다. 하지만 업무의 진행 과정을 파일로 정리해서 남겨둔다면 반드시 재활용하게 됩니다. 이런 이유로 기억은 반드시 기록으로 남겨져야 합니다. 결과적으로 그런 태도가 균형 잡힌 업무 습관을 만들어내는 것도 당연하고요. 여러분도 자신만의 업무 노하우, 즉 암묵지를 기록으로 남겨 형식지화하세요. 당신의 업무 효율이 높아질 것입니다.

덧붙여, 조직 전체가 균형 잡힌 업무를 하기 위해서는 중간 관리자의 역할이 무척 중요합니다. 업무와 조직을 관류貫流하는 계층, 즉 조직의 균형을 담당하는 사람이 바로 중간 관리자이니까요. 그런데 안타깝게도 여전히 조직을 이분법적으로 톱다운인지, 바텀업인지로 분류하는 경우가 허다합니다. 다시 한번 이쿠지로 교수의 이론을 인용하자면, 바로 '미들 업다운'이 조직에는 필요합니다. 중간 관리자야말로 현장의 경험과 경영층의 비전을 동시에 접하며 지식을 배급할 수 있는 중요한 계층이 분명합니다.

돌이켜보면 제가 가장 생생하게 현장의 목소리를 듣고 경영층의 의사를 반영하며 일했던 시기도 과장이나 차장 시절이었던 것 같습니다. 팀장이 되면 부서원이 생기고 그다음부터는 제가 원하지 않아도 현장의 소리를 중간 관리자로부터 한 번 걸러서 듣게 됩니다. 제가 그대로 전하는 경영층의 의사도 역시 중간 관리자를 통해 부서원에게 전달되곤 하죠. 결국 중간 관리자의 균형 잡힌 인식이 톱과 바텀의, 전방과 후방의 가치관을 일치시키고 정렬하여 회사의 성과를 창출할 수 있는 핵심 요소가 아닌가 생각합니다. 우뇌와 좌뇌를 잇고, 형식지와 암묵지를 교차 변환하는 역할을 이 중간 관리자가 해내는 셈입니다.

5
익숙한 것과 거리 두기
밖에서 찾는 업무 창의력

외계인이란 말 그대로 지구가 아닌 우주 어딘가의 다른 별에 사는 생명체를 말합니다. 직장생활의 팁을 소개한다고 하면서 외계인을 언급하니 당황스러우실 수도 있겠습니다. 제가 직장생활에 가장 좋은 습관 중 하나로 '외계인 만나기'를 강조하는 까닭은 무엇일까요?

직장생활을 해보면 너무 잘 알 겁니다. 회사 건물 밖에 나가면 편한 곳을 찾고 편한 사람만 찾게 되죠. 특히 직급이 점점 올라갈수록 불편한 자리와 불편한 사람은 가급적 피하게 됩니다. 그러다 보면 자기도 모르게 업계 사람들만 만나고 있는 자신을 발견합니다. 더 좁게는 회사 사람들만 보는 경우도 있어요. 그러다 완전히 좁아지면 부하 직원들하고만 어울리기도 합니다.

물론 회사나 업계 사람을 만나는 것을 과소평가하는 것은 아닙니다. 문제는 늘 봐왔던 익숙한 사람들만 만난다는 겁니다. 그렇게 해서는 직장인의 의무이자 핵심 역량인 이업종교류異業種交流를 할 수 없습니다. 사실 한 회사에서 오래 근무하면 내 회사, 내 산업 밖으로 눈을 돌릴 기회가 많지 않습니다. 하지만 다른 분야, 다른 게임의 법칙을 가진 사람들을 만나지 못하면 우리의 우뇌는 굳어버립니다. 우뇌가 굳어버리면 평소 업무를 할 때 창의적인 생각과 아이디어도 잘 솟아나질 않죠.

이렇게 말하는 저 역시 기업에서 일할 때는 근무 중이든 퇴근해서든 변호사들을 가장 많이 만났던 것 같아요. 지나고 보니 다른 업종이나 다른 세대, 다른 국적의 사람들을 더 많이 만났어야 했는데 하는 후회가 남더군요. 다른 업에서 일하고 성장하고 노력하는 사람을 더 많이 만나는 것이 온전히 나의 자산이 되는 일이었다는 걸 뒤늦게 깨닫게 된 거죠.

저는 다른 업종에서 일하는 사람을 외계인이라고 부릅니다. 우리는 일부러라도 다른 업에서 종사하는 외계인들을 만나야 합니다. 왜 그래야 하는지 궁금하신가요? 사실 꼭 그래야 하는 이유가 따로 있는 것은 아닙니다. 그저 나 자신을 위해서 할 수 있는 일 중의 하나이기 때문입니다. 다른 업종의 사람을 만나면 가장 좋은 것은, 생각의 벽을 깰 수 있다는 것입니다. 고정관념에서 벗어나는 일은 나 자신에게 굉장히 이로운 일입니다. 내가 일했던 방식에서 한발 떨어져 객관적인 시선을 갖게 되면 보다 나은 문제 해결 방식을 궁리할 수 있으니까요.

일본에서는 때때로 회사 대 회사 차원에서 공동 워크숍을 합니다. 예를 들면 IT 회사와 제조업체가 함께 워크숍을 합니다. 타사와 합동으로 연수를 진행하는 이유는, 서로 다른 업종의 사람들 간의 교류를 통해 변화된 기업 환경에서 발생할 수 있는 다양한 문제의 해결 방법을 배울 수 있기 때문입니다. 다양성을 받아들이고 서로 쌓아온 암묵지를 교환할 수 있는 좋은 기회인 거죠. 개인 차원에서는 네트워크의 기회가 되고, 회사 차원에서는 새로운 사업 기회를 발견할 수 있다는 장점이 있어 일본의 회사들은 전략적으로 이 같은 행사를 합니다.

두 번째, 불편함을 견디는 힘을 기를 수 있어요. 불편함에 관해서 잠시 저의 경험을 말씀드릴게요. 저는 보스턴 대학에서 경영학 석사를 공부하고, 워싱턴 DC에 있는 조지타운 대학에서 로스쿨을 다녔습니다. 보스턴은 학교 도시로 불릴 만큼 다양한 나라에서 온 다양한 학생들이 모여 있어요. 한편 워싱턴 DC는 미국의 수도인 만큼 다양하고도 개성이 강한 전 세계 젊은이들이 모인 동네였습니다. 그곳에서 3년을 생활하면서 솔직히 가장 많이 느낀 감정은 불편함이었습니다. 언어와 문화가 다른 곳에서 새로운 사람들과 사귀고 관계를 만들어가는 일은 참 쉽지 않았습니다. 타지에서의 삶은 불편함의 연속이었지요. 하지만 저는 그 불편함을 과정이라 생각하며 받아들이기로 했습니다. 그리고 그 3년간의 유학 생활을 통해 자연스럽게 불편함을 견디는 힘을 기를 수 있었습니다.

보통 사람들이 참 어렵다고 느끼는 것 중 하나가 바로 익숙하지 않은 사람과 한 공간에 같이 있는 것입니다. 우리는 낯선 사람을 만나면 공통점을 찾고 그것이 있을 때 통한다고 보는 정서가 있습니다. 흔히 말하는 학연, 지연, 혈연 등이 모두 익숙함이라는 공통분모인 셈이죠.

그런데 직장생활은 오히려 익숙함에 안주하지 않고 불편함을 잘 견디는 사람들이 잘하는 것 같습니다. 직장생활은 의외로 인내의 연속인 경우가 많거든요. 참고 견디는 힘, 특히 불편함을 견디는 힘이 쌓이면 그것은 내공이 됩니다. 그 견디는 힘은 다른 업종 간 교류를 통해 익힐 수 있습니다. 서로가 속해 있던 영역이 다르니 처음엔 말이 잘 통하지 않을 수 있습니다. 하지만 오히려 그 불편함이 내 소통 능력을 키우는 열쇠가 됩니다. 서로 다른 면에서 이해하고 공통점을 찾아내 소통하는 습관은 불편함에서 시작합니다.

저 역시 여전히 익숙하지 않은 모임이 많이 불편합니다. 하지만 지금은 누가 불러주지 않아도 불편한 모임임에도 회비를 내고 참석하려고 노력합니다. 그러다 보니 다른 세계를 만나는 행운이 따를 때가 많습니다. 물론 시행착오도 있었습니다.

한번은 회원들이 모두 친절한데도 저만 너무 불편한 독서 모임에 참석한 적이 있었어요. 차례가 되어 독후감을 이야기하면서도 나이 들어 아는 척하는 것으로 들리지 않을까, 지금이라도 나가야 하나, 젊은 후배들 앞에서 뭐 하는 짓인가 등 별의별 생각으로 속이 시끄러웠습니다. 그러다 보니 두 달간 여덟 번 모임에서 독후감은 거의 다 냈는데 딱 한 번만 나갔어요. 나중에 생각해보니 그 후배들은 제게 다른 세계의 사람들이었던 겁니다. 그들은 차별 없이 나를 대하고 배려했는데도 저 혼자 못 견뎌했어요. 저 혼자 나이의 벽을 쌓고, 주제의 벽을 쌓고, 관계의 벽을 쌓아서 불편해했던 거죠. 저는 이런 경험을 바탕으로 두 번째 시즌에는 안내해주는 사람이 있는 클럽을 택했고, 훨씬 편하게 녹아들 수 있었습니다.

다른 세계 혹은 나와 완전히 다른 사람들과의 만남은 늘 불편함을 동반합니다. 하지만 조금만 노력하면 더 좋은 사람, 더 멋진 기회, 더 넓은 세상을 만날 수 있습니다. 혹시 내 주변의 누군

직장인의 바른 습관

가의 뛰어난 사회성과 적응력을 부러워한 적 있으신가요? 그런 내공은 불편함을 먼저 견뎌내는 힘으로부터 길러집니다.

만약 당신이 폭넓은 네트워킹을 원한다면, 외계인을 만나는 불편함을 견디는 힘을 먼저 기르길 바랍니다. 상대의 시간에 맞추고 잘 모르는 용어로 산업을 논하는 것은 불편함의 시작이지만 동시에 내공이 쌓이는 시작단계에 접어든 것이기도 합니다.

마지막으로, 외계인을 만나는 최고의 장점은 다양한 교류의 장을 가질 수 있다는 겁니다. 사실 다른 세계의 사람들을 만나는 방식은 매우 다양해요. 토론이나 세미나에 참여하거나 파티를 즐길 수도 있습니다. 선택지가 많은 것이죠. 최근 들어 우리나라에도 자기계발을 겸한 자발적 커뮤니티가 많이 생기고 있더군요. 이렇게 다양한 선택지 중에서 좋은 교류의 장을 고르는 세 가지 팁을 알려드리겠습니다.

팁 하나, 아무나 쉽게 들어갈 수 있는 모임은 비추합니다.

비용이 발생하더라도 퀄리티가 높은 모임을 권합니다. 일례로 무료 강연보다 1만 원의 회비를 내는 강연이 불참률이 낮아요. 불참률이 높다는 것은 그만큼 내용이 부실할 수도 있다는 것을 의미합니다. 또 어떠한 의무가 없는 모임도 기대만큼 내실이 크지 않을 수도 있어요. 독서 모임의 경우 독후감 제출을 요건으로

하는 것은 참가의 진정성을 검증하는 좋은 아이디어입니다. 진입
장벽이 낮은, 누구나 편하게 모이는 사교 모임도 필요하겠지만,
교류의 장이 될 수는 없다고 생각합니다. '교류'의 본 의미가 근
원이 다른 물줄기가 서로 섞여 흐르는 것을 나타내는 만큼, 참가
자 각자의 콘텐츠로 섞일 준비가 되어 있는지가 중요합니다.

팁 둘, 혼자 가는 것이 가장 좋지만, 그게 어렵다면 교류의
목적을 지닌 딱 한 명만 동반해요.

여럿이 가면 대개 동반자들끼리만 소통하고 말 때가 많습니
다. 제 경험을 예시로 들면, 유학생으로 학교 파티에 가거나, 또는
직장인으로서 해외에서 비즈니스 파티가 열려 참석하면 항상 한
국 사람들끼리 몰려 있다가 파티 막바지엔 한국 식당에 가서 소
주를 먹다 오곤 했죠. 때문에 다양한 사람들과의 교류를 바란다
면 혼자 가는 것이 가장 좋습니다. 꼭 누군가와 같이 가고 싶다면
나와 마찬가지로 교류의 목적을 가진 1인 동반자와 가시길 권합
니다.

팁 셋, 외계인 만나는 데도 연착륙이 필요합니다.

다른 업계 사람들을 만나는 게 막막하고 부자연스럽다면 주
변에 도움을 청하는 것도 좋은 방법입니다. 우리나라 사람들은
왜 스탠딩 파티를 어색해할까요? 각자도생해야 하기 때문입니다.
외국은 호스팅이라는 개념이 있어 같이 다니면서 인사를 시키고

소개를 하는데, 우리는 호스트가 음식 챙기랴, 손님 눈인사하랴, 직원들 지시하랴 행사장에 가면 도무지 여유가 없어요. 초대받은 게스트가 어색함을 느낄 수밖에 없습니다. 업종 간 교류를 시작할 때는 TPO^{Time, Place, Occasion, 시간, 장소, 상황}를 잘 선택하고, 특히 좋은 호스트가 있는 모임을 고르시기 바랍니다.

무엇보다 나와 컬러가 맞는 커뮤니티를 가는 게 좋지요. 장소, 분위기, 주제 등 내게 알맞고 좋아하는 조건을 엄선해보세요. 외계인을 만나는 일은 그 자체로도 불편함을 느낄 수 있기 때문에 다른 조건은 무조건 편해야 해요. 마음속에 다른 핑곗거리를 만들지 않도록 말입니다. 예를 들어, 거리가 멀고 주차가 안 된다 등의 이유가 만들어지면 우리는 그것을 핑계 삼아 가지 않게 됩니다. 낯선 모임은 가기 싫어지는 게 사람 마음이거든요. 그러니 부수 조건만큼은 내게 편한 모임을 선택하는 것이 좋습니다.

혹시 '후라리만'이라는 말을 들어보셨나요? 일본어인 '후라후라'는 우리말로 마음이나 걸음이 비척비척 흔들거리는 모양새를 말합니다. 후라리만은 샐러리맨과 후라후라를 합친 말로 퇴근 후에도 집에 일찍 가지 않는 샐러리맨을 뜻하죠. 후라리만과 같은 단어는 없지만 분명 한국에도 퇴근 후 집에 늦게 들어가는 분들이 계실 겁니다. 특히, 최근 들어서는 퇴근 후 육아나 가사노동을 분담해야 하는 남성들이 귀가를 미루고 카페 등지를 방황하고 있다는 이야기가 들려오기도 합니다. 소모임과 관련된 앱이 활성화되는 것도 그런 니즈 때문이 아닐까 싶네요.

주 52시간 근무제 실시로 생긴 소중한 저녁 시간을 무민無mean하게 보내기란 너무 아쉽습니다. 이렇게 여유롭게 생긴 시간에 대면력을 기르는 공부를 해보면 어떨까요? 저는 직장인들이 자발적으로 모임을 갖거나 스터디 하기를 권합니다. 스터디라고 해서 거창한 주제로 딱딱하게 공부하는 것이 아닙니다. 서로 공통된 관심사를 공유하고 수다를 떠는 것만으로도 훌륭한 스터디가 될 수 있다고 생각합니다. 아주 사소한 주제도 좋습니다. 예를 들면, 커피 원두나 수제 맥주 등 평소 호기심을 갖고 있거나 취미 삼고 싶은 주제로 사람들을 모아 자리를 만들어 보면 어떨까요? 우리는 대부분 정해진 시간 안에서 정해진 과목들을 공부해왔습니다. 그런데 대면력 공부라는 것은 그렇게 딱딱하지 않아도 됩니다. 심지어 잘 몰라도 됩니다. 이런저런 관심사를 가지고 함께 편하게 얘기해보고 체험하는 것 그 자체로도 대면력을 기르는 공부가 됩니다.

요즘 '가취관'이라는 말을 많이 합니다. 가벼운 취향 위주의 관계를 말하는 것이죠. 저는 심지어 그렇게 서로 고슴도치 거리를 유지하면서 취향을 공유하는 모임 역시 권하고 있습니다. 꼭 대화를 하지 않아도 됩니다. 무언가 같이 액티비티를 한다면 이미 그것만으로도 또 대면력이 길러진 것입니다. 대면력을 기르기 위한 행동을 실천하는 것 자체가 늘 공부입니다. 자신이 모르는 남들과 섞이는 것을 두려워하지 않는 대면력은 별거 아닌 것 같지만 앞으로는 대단한 경쟁력이 분명합니다. 또한 그 대면을 통해 키워진 교차 사고 능력은 문제 해결 능력을 엄청나게 향상시켜줄 겁니다. 비슷한 예로 여행이 있습니다. 여행을 가서 만난 다르고 낯선 경험들은 한 개인의 성장에 주요한 밑거름이 되곤 합니다. 외계인을 만나는 일도 여행과 같습니다. 세계관의 확장을 통해 우리는 한 걸음 성장할 수 있습니다. 언제든 문 밖으로 나가 E.T. 친구를 만나보세요.

늘어난 저녁 시간을 효율적으로 쓰고 싶은
5년 차 직장인

Q. _____

주 52시간 근무제 실시로 퇴근 후에 활용할 수 있는 시간이 조금 늘었습니다. 모두가 나름의 취미를 누리며 살고 있는 것 같은데, 저는 그 여가 시간도 직장생활에 도움이 되는 유익한 자기계발로 채워보고 싶습니다. 그런데 그 방법을 모르겠어요! 무엇부터 시작해야 할까요?

A. _____

자기계발의 본질은 공부입니다. 석사 세 개, 박사 하나를 가진 제가 공부를 잘하고 오래 할 수 있는 방법에 대해 말씀드릴게요.

첫째, 어떤 공부든 습관을 들여야 합니다. 저는 직장에 다닐 때 주니어 시절에는 새벽 6시에 영어 학원에 다녔고, 저녁 8시부터는 GMAT^{Graduate} ^{Management Admission Test} 학원에 다녔습니다. 간혹 회식이라도 하고 학원에 가면 너무 졸려서 엎드려 잤던 적도 있습니다. 회식 후에도 학원에 갔던 것은 수업의 흐름을 놓치지 않기 위해서였어요. 공부를 하고 싶다면 그냥 습관을 들이세요.

둘째, 공부를 공부라고 생각하지 않는 것이 중요합니다. 좋아하고 즐거웠던 취미도 생업이 되면 더 이상 즐겁지 않듯 공부를 해야 한다고 생각하는 순간 하기 싫어집니다. 저는 서렌디피티^{serendipity, 뜻밖의 행운}라는 단어를 무척 좋아하는데, 자기계발에도 서렌디피티가 있습니다. 처음부터 대단한 목표를 가지고 덤비지 말고 가볍게 즐기면서 하세요. 그러다 보면 뜻밖의 행운이 찾아올지도 모릅니다.

셋째, 일이 공부보다 우선이라고 생각해야 합니다. 가끔 일보다 자기계발 혹은 취미 활동 등에 몰입하여 직장생활에 부정적인 영향을 끼치는 후배들도 있습니다. 지금 다니는 학원도, 학습지도, 인터넷 강의에 들어가는 모든 비용은 월급에서 빠져나갑니다. 현재 다니는 직장이 학원비의 원천이라 생각하고 절대 소홀하지 마세요.

Plus+

업무에 필요한 진짜 자기계발, 소프트 스킬

생산, 마케팅, 재무, 회계, 인사조직 등의 경영 전문 지식을 하드 스킬^{hard skill}이라 합니다. 입사 시 이력서에 적은 경력 사항이나 자격증이 이에 해당합니다. 그러나 입사 후에도 자기계발로 어학 자격증 따기를 반복하는 것은 추천하지 않습니다. 직장생활에 꼭 필요한 능력 외에 자격증만 늘어나는 것은 업무 외적인 곳에 시간을 낭비하는 것과 같습니다. 하드 스킬보다 소통, 협상, 기획력, 리더십 등의 소프트 스킬^{soft skill}이 조직 생활에 더욱 필요합니다. 소프트 스킬을 배우기 위해서는 인문학적 지식을 키우고, 다양한 스터디나 행사에 참여해 나와 성격이 다른 구성원과 소통하는 능력을 길러야 합니다.

part 3

직장 화법 :

나를 더 돋보이게 하는 말의 비밀

1
투 머치 토커 vs 액티브 리스너

혹시 '소통 음치'라고 들어보셨나요? 흔히 말하는 음치는 노래를 못 부르는 사람을 뜻합니다. 이들이 노래를 잘 부르지 못하는 이유는 호흡이나 발성에 문제가 있는 경우도 있지만, 대부분은 다른 사람의 노래나 음계를 제대로 듣지 못하기 때문입니다. 소통 음치도 마찬가지입니다. 다른 사람의 말을 잘 듣지 않는 것이 가장 큰 원인이죠. 소통 음치와 반대되는 개념으로는 액티브 리스너active listener가 있습니다. 말 그대로 적극적인 경청자를 의미합니다. 이런 유형의 사람은 어느 모임에서나 환영받습니다.

많은 사람들이 적극적으로 말하는 사람이 직장에서 더 주목

받고 좋은 평가를 받는다고 생각합니다. 틀린 말은 아닙니다. 하지만 투머치 토커보다는 액티브 리스너가 더 유리한 평가를 받을 수 있습니다. 대화 상대로 하여금 보다 호감을 느끼게 하는 사람은 잘 들어주는 사람이기 때문입니다. 또한 경청이 훈련되어 있는 사람은 대화의 핵심을 더 잘 파악할 수 있기 때문에 회의에서도 좋은 대답과 좋은 질문을 할 수 있습니다. 회의뿐 아니라 평상시에도 사람들의 긍정적 반응을 이끌어내는 방법으로 경청만 한 것이 없습니다. 그렇다면 도대체 적극적으로 경청하는 것이란 무엇일까요? 아래의 세 가지를 주목해주시길 바랍니다.

첫 번째, 무조건 3분간 상대의 말을 들어주세요. 그저 잘 들어주는 것이 적극적 경청의 출발점입니다. 다르게 비유하자면, 컵라면에 물을 부은 후 면이 익기를 기다리는 시간이라고 생각하면 좋겠네요. 식욕이 사람의 본성인 것처럼, 누구나 듣기보다 말하고 싶어 하는 욕구를 가지고 있습니다. 때문에 욕구를 억누르고 다른 사람의 이야기를 듣는 일은 사실 꽤 어려운 일입니다. 그래도 의식적으로 노력하며 꾹 참고 들어주세요.

두 번째, 상대의 말에서 나와의 공통점을 찾지 말아야 합니다. 아마 이 지점에서 '내가 알던 것과 다른데'라고 생각하시는 분이 계실 수도 있겠습니다. 바로 그 점이 포인트입니다. 예를 들어, 대화 상대가 "내가 예전에 거기에 가봤는데"라고 말을 꺼냈다고 가정해봅시다. 계속 이야기를 듣다 보니 잘 아는 곳입니다. 이런 상황에 보통은 이렇게 반응합니다. 상대의 말을 바로 자르고 "어! 나도 거기 가봤는데"하고 끼어들지요. 내 이야기가 시작되는 순간 경청을 위해 애썼던 시간과 노력이 모두 물거품이 됩니다. 상대가 말을 시작하면, 다른 것은 모두 제쳐두고 차이점에 집중해보세요. 차이에 집중하면 상대로부터 좋은 의견을 더 많이 이끌어낼 수 있습니다.

세 번째, 경청의 기술을 익히는 겁니다. 대표적인 기술은 비언어적인 커뮤니케이션의 일종인 '3L'입니다. 비언어적인 커뮤니케이션이 중요한 이유는 경우에 따라 말보다 훨씬 더 효과적이기 때문입니다. 3L은 상대방이 하는 말에 귀 기울이는 3가지 비언어적 커뮤니케이션을 의미합니다.

- Look(보다): 대화를 할 때는 먼저 상대를 쳐다보세요.
- Lift(들어 올리다): 눈썹을 들어 올리며 '정말?' 하는 표정으로 상대의 말을 받아줍니다.
- Lean(기울이다): 상대방 쪽으로 몸을 더 가까이 당겨 앉습니다.

별거 아닌 것 같은 이 세 가지 행동은 대화 상대에게 보다 집중할 수 있게 도와줍니다. 덧붙이자면 메모를 하는 것도 중요한 경청 기술 중 하나입니다. 메모하기는 상대방의 말을 흘려듣지 않겠다는 강한 의지 표현입니다. 일례로 저의 오랜 지인인《에스콰이어》매거진의 신기주 편집장은 대화할 때 스마트폰에서 전자펜을 꺼내 메모를 합니다. 오랜 기자 생활을 하면서 생긴 습관이겠지만, 상대의 대화를 돕는 훌륭한 습관이 분명합니다. 듣는 이가 내 말에 귀 기울여주는 것만큼 기분 좋은 일은 없으니까요.

경청의 기술이 가장 빛을 발하는 순간은 회의 시간입니다. 저는 평소 회의라 쓰고, 미팅이라고 읽습니다. 미팅은 단지 사람들을 만나는 것이 아니라 'ME-ting'입니다. 회의는 나 자신을 드러낼 수 있는 좋은 순간이죠. 회사 생활에서 가장 중요한 일 중 하나는 당신의 존재 이유를 증명하는 것입니다. 언제 어디서든 당신의 존재감을 드러내야 합니다. 회사에서 이 사람 말고는 도저히 이 업무를 맡길 사람이 없다고 판단하면 승진도 하고, 더 큰 성과를 낼 수 있는 기회를 만날 가능성도 커집니다. 한마디로 당신의 존재가 대체 불가능해져야 한다는 것입니다. 만약 당신이 저 구석으로 숨는다면 그 순간 회사는 당신을 대체할 사람을 찾을 겁니다. 존재감을 드러내는 습관은 직장인에게 기본 중의 기본입니다.

항상 존재감을 드러내야 하는 직장인에게 미팅과 회의는 특별히 중요합니다. 다시 말해, 미팅은 당신이 필요한 자원을 받고 권한을 위임받고 자신의 의견을 공개적으로 알릴 수 있는 자리입니다. 그렇다면, 회의에서 내가 돋보이게끔 말을 잘하는 방법은 무엇일까요? 우선은 회의의 집중력을 높여야 합니다. 아래의 3가지 핵심 사항을 인지하고 회의에 참석하면 집중력 있게 회의에 임할 수 있습니다.

첫 번째, 기본적인 것부터 준비해야 합니다. 회의에서 가장 중요한 것이 무엇일까요? 그건 아마 '내가 하고자 하는 말의 초점을 정확하게 전달할 수 있는가?'일 겁니다. 이를 위해서는 반드시 준비가 필요합니다. 일례로 저는 지인들과의 식사자리에서 대화의 초점에 대한 중요성을 새삼 깨닫고는 합니다. 이따금 만나는 지인들의 대화 속에는 별다른 주제가 없을 때도 있습니다. 사전에 아무런 준비도 하지 않고 모이기 때문에 인터넷에 떠도는 가십을 말하거나 심지어 제 인생과 전혀 무관한 이야기로 흘러갈 때도 많습니다. 당시엔 웃고 떠들며 소소한 재미를 느낄 수 있지만, 모임을 파하고 집에 돌아가는 길에 헛헛한 기분이 듭니다. 이런 아쉬움을 남기지 않기 위해서는 아무리 편한 자리라도 함께 나눌 수 있는 이야기 주제를 준비해가면 좋습니다.

회의 준비도 마찬가지입니다. 누군가를 만날 때는 사전에 말할 준비를 해야 합니다. 침묵이 목적인 회의는 없으니까요. 미팅에 들어갈 때는 '이 말을 꼭 해야겠다'는 아젠다agenda를 필기도구보다 더 먼저 챙기세요. 다이어리 하나 달랑 들고 와서 그냥 앉아 있다가 상대가 하는 말을 듣고만 가는 회의는 의미가 없습니다. 미팅은 내가 중심이 되는, 내 생각을 말하는 자리임을 잊지 마세요.

두 번째, 내 목소리를 낼 가장 좋은 타이밍을 알아야 합니다. 그러기 위해서는 회의의 흐름에 집중해야 합니다. 회의는 다양한 의견을 나누는 자리이기 때문에 생각지도 못한 다양한 변수가 생길 수도, 갑자기 흐름이 바뀔 수도 있습니다. 만약 타이밍 파악이 어렵다면 회의 초반보다는 후반에 이야기하는 것이 나을 수 있습니다. 회의 초반에 나서서 의견을 말할 경우 그 내용이 묻힐 수 있고, 심지어 누군가에게 반박당했을 경우 다시 반박할 기회를 놓칠 수도 있습니다. 반면 후반에는 주변의 얘기를 다 듣고 그 흐름에 맞춰 말할 수 있어 설득력을 높일 수 있습니다.

세 번째는 상대방의 의견을 존중하는 태도입니다. 이 태도는 경청의 기본이자 출발점이기도 합니다. 혹시라도 "과장님이 잘 모르셔서 그러는데요" 내지는 "그쪽으로는 경험이 없으시잖아요. 이쪽 업무는 제가 경험이 있어서 그러는데요"와 같은 말은

　　　　　　　　　　　　　　　직장인의 바른 습관

절대로 피해야 합니다. 세상에 답이 이미 정해져 있는 문제란 없습니다. 상대의 의견을 경청하는 일은 내 의견을 이야기하는 것만큼이나 중요합니다. 회의 참석자들 간에 공감, 설득, 이해의 과정이 원활하게 이루어지려면 타인에 대한 존중이 바탕에 있어야 합니다.

위의 내용들을 통해 회의 집중의 기술들을 살펴보았습니다. 그다음으로 생각해봐야 할 것은 회의의 목적입니다. 회의 준비와 의견을 제시할 타이밍을 파악하는 것, 다른 사람의 의견을 경청하는 것은 중요합니다. 하지만 '자기 자신'을 드러내는 일보다 중요하지는 않습니다. 회의에서 목소리를 내는 것은 나의 권리이자 의무입니다. 열심히 회의 준비를 하는 것도, 회의에 참석해 메시지를 던지는 것도, 메시지를 통해 사람들에게 어떤 인상을 남기는 것도 모두 나의 존재감을 드러내기 위한 일이죠. 회의의 핵심 사항과 목적을 분명히 인지하고 유의미한 의견을 제시하세요. 타석에 선 야구 선수가 날아오는 공을 잘 관찰하듯, 주변의 의견을 충분히 경청한 다음 적절한 타이밍에 멋지게 홈런을 날리길 바랍니다.

머릿속으로 이기는 회의를 그려보는 것도 좋지만, 반대의 상황도 떠올려볼까요? 아마 회의에 들어가서 쓸데없는 의견만

제시한 사람으로 기억되는 것이 최악의 시나리오일 겁니다. 최
악을 피하고 최고의 회의로 이끄는 것은, 결국 당신이 기본기를
가지고 있는지의 여부입니다. 바로 여기서 적극적 경청이 빛을
발할 수 있습니다. 참석자들의 의견을 충분히 듣고 호응해주고
메모하고, 나와 다른 의견에 착안해서 새로운 의견을 제시해보
세요. 이것이 최악의 상황을 피하고 정리된 의견도 말할 수 있는
가장 안정적인 방법입니다.

2

소통의 극대화
격이 다른 직장 화법 호렌소

투자의 현인 워런 버핏^{Warren Buffett}은 2017년 컬럼비아 대학 경영대학원의 초청 강연에서 이렇게 말했습니다. "특이한 사람이 눈에 띄게 될 겁니다. 아이큐가 200인 사람이 돋보이는 것이 아닙니다. 사람들 앞에서 말하는 게 편한 사람이 눈에 띌 것입니다. 대중연설 능력이 있는 사람은 앞으로 50~60년은 살아남을 것이고, 타인 앞에서 말하는 것을 싫어하는 사람은 골칫거리를 떠안게 될 것입니다" 워런 버핏의 이런 주장은 소통 능력이 미래의 핵심 경쟁력이라는 사실을 단적으로 보여주는 예라고 할 수 있습니다. 또한 지난 10년간 구글의 인사 책임자였던 라즐로 복^{Laszlo}

Bock은 자신의 저서 『구글의 아침은 자유가 시작된다』(라즐로 복 지음, 알에이치코리아)라는 책에서 "영리하고 스펙만 뛰어난 사람보다 함께 일하기 즐거운 '지적 겸손'을 갖춘 지원자를 원한다"라고 말했습니다.

지금 이 순간에도 많은 기업에서 협업하기 좋은 그리고 소통 지능이 뛰어난 인재들을 찾고 있다는 것은 분명한 사실입니다. 더구나 주 52시간 근무제의 도입으로 기업은 구성원들의 보다 빠르고 효과적인 소통을 원하고 있습니다. 마치 정해진 시간 내에 승부를 판가름내야 하는 축구의 연장전처럼 패스 미스가 없는 완벽한 소통과 팀워크를 요구하고 있습니다.

《동아일보》가 대한상공회의소와 대·중·소기업 336곳을 설문 조사한 결과, 워라밸과 관련해 PC 오프제, 자율근무제와 함께 회의 축소, 회식 제한, 보고체계 단축 등이 검토 및 추진되고 있습니다. 그런데 여기서 우리가 눈여겨봐야 할 것이 있습니다. 회의 축소, 보고체계 단축, 회식 제한 등의 조치가 결국 직원들 간의 대면 시간을 단축시킬 수 있다는 사실이죠.

그래서 저는 대면 시간의 감소를 해결하는 방법으로 '보이게 말하는 법, 호렌소'를 제시합니다. 우리나라에서는 다소 생소한 단어일 수 있는 호렌소報連相는 보고報告, 연락連絡, 상담相談의 첫 글자인 보·연·상을 일본식으로 발음한 것입니다. 저는 이 호렌소가 한국의 직장 대화법으로 통용될 수 있을 거라 생각했고, 일본의 호렌소를 원용해 널리 알리고 싶다는 생각을 했어요.

저는 2017년에 일본의 진眞 호렌소 창시자인 이토후지 마사시糸藤 正士 선생에게 만나고 싶다는 메일을 보냈습니다. 그 후 협의를 거쳐 일본의 호렌소 교육기관인 전일본호렌소센터Nippon Horenso Center의 한국 지부장을 맡게 되었습니다. 오마이스쿨에서는 한국식 호렌소를 '보이게 말하라'는 주제로 총 30편의 인터넷 강의를 하기도 했지요. 정부와 IMI 국제경영원이 함께 진행한 K-Move 스쿨 일본 서비스기업 맞춤형 인재양성과정에서도 개강특강 교수로 호렌소를 강의했습니다. 이렇듯 호렌소에 관심을 갖고 이런저런 활동을 하며 직장 대화법의 핵심 룰을 알게 되었습니다.

사실 직장에서의 화법 순서는 호렌소의 보고-연락-상담 이론대로 흐르지 않습니다. 오히려 반대라고 할 수 있어요. 실제로는 상담을 통해 업무 지시 사항을 확인하고, 연락을 통해 업무 처리 방향을 전달한 다음, 결과를 보고하는 것으로 끝이 납니다. 사실 순서보다는 보고, 연락, 상담이 계속 순환한다는 것이 직장 화법의 핵심입니다.

호렌소에 대한 저의 관심은 프랑스 인시아드 대학원의 에린 메이어Erin Meyer 교수가 《하버드 비즈니스 리뷰》에 게재한 논문에서 비롯되었습니다. 그는 「브뤼셀, 보스톤 그리고 베이징에서 보스 되기」라는 논문을 통해 각국의 리더십 문화를 매핑^{mapping}했어요.

이 논문에서 메이어 교수는 평등적이면서 합의주의적인 방식으로 의사 결정이 이뤄지는 기업 문화를 가진 나라로 스웨덴, 노르웨이, 덴마크를 꼽았어요. 또 평등적이면서 톱다운 방식으로 의사 결정이 이뤄지는 기업 문화를 가진 나라로 미국, 캐나다, 영국을 예로 들었지요. 위계적이면서 합의적인 방식으로 의사 결정이 이뤄지는 기업 문화를 가진 나라로 일본, 독일, 벨기에를 거론했으며, 위계적이면서 톱다운 방식으로 의사 결정이 이뤄지는 기업 문화를 가진 나라에는 브라질, 멕시코, 중국이 있다고 했습니다.

저는 이 논문을 읽고 나서 우리나라가 앞으로도 미국이나 덴마크처럼 평등주의적 방식으로 가기는 어렵다고 생각했습니다. 왜냐하면 동양의 언어인 중국어, 일본어, 한국어에는 이미 위계질서가 포함되어 있기 때문입니다. 그래서 직급 대신 이름에 '님'자를 붙여 수평적 조직문화를 표방하던 기업 중 일부는 전통적인 직급 호칭으로 다시 유턴하기도 했습니다. 이렇듯 직급 호칭 파괴의 실효성에 관한 논의는 아직도 활발합니다. 그렇다면 우리는 어느 나라의 기업 문화를 벤치마킹하는 것이 좋을까요?

저의 결론은 일본입니다. 정확히 말해 일본의 리더십 맵에 주목하게 되었지요. 일본 기업에서 통용되는 호렌소는 업무를 진행하면서 중요한 내용을 빼놓지 않고 보고하고 공유하고 상의하는 직장 화법입니다. 누군가는 굳이 왜 일본의 직장 화법까지 배워야 하는 거냐고 의문을 제기할 수도 있지만, 직장 화법의 중요성을 알게 된다면 생각이 조금 달라질 것입니다. 말은 사람의 인격을 나타내는 도구입니다. 직장생활의 격을 좌우하는 것 역시 말입니다. 직장 화법은 앞으로 더욱 중요한 직장 노하우로 평가될 것입니다.

우리는 양식을 먹기 전에 포크와 나이프 사용법을 비롯해 좌빵우물을 익혀요. 물론 그냥 편하게 먹어도 됩니다. 하지만 이렇게 서양의 식사 예절을 익히는 이유는 딱 하나입니다. 남의 빵과 남의 물을 먹지 않기 위해서지요. 영화 〈킹스맨〉을 보면 주인공이 식사 예절을 새로 배우는 장면이 나와요. 쉬워 보이지만 제대로 배워야 하는 식사 예절처럼 직장 화법 또한 마찬가지입니다. 직장인이 직장에서 소통하는 방법은 학교에서도 안 가르쳐줍니다. 그렇다고 어디서 따로 배우거나 연습해볼 기회도 없어요. 상사는 교수가 아니고, 동료는 동기생이 아닙니다. 학교와 달리 회사는 성과를 잣대로 삼아 당신의 능력 여하를 판가름합니다. 그 성과 안에는 당신의 인간관계와 대화 능력 또한 포함되어 있습니다.

구인 · 구직 사이트 인크루트에서 실시한 설문 조사에 따르면 20 · 30대는 기성세대가 '말 몇 마디로 자신을 규정'하거나 그들로부터 '노력하지 않는다, 세상 물정을 모른다, 주관 · 생각이 없다' 등의 취급을 받아 불편하고 부당한 느낌을 받았다고 합니다. 이런 불편한 오해는 공식적인 스피치나 프레젠테이션이 아니라 직장에서의 일상적인 대화에서 비롯되는 경우가 많아요. 다시 말해 대화의 기술이 부족해서 분위기 파악을 못하거나 건방지다고 핀잔받기 일쑤인 거죠.

제가 호렌소를 사람들에게 알리고 싶은 이유는 단순합니다. 직장인이라면 직장 대화를 배우고 연습해야 한다고 생각하기 때문입니다. 직장에서의 대화는 수다가 아닙니다. 그렇다고 막말을 해서도 안 됩니다. 근무 시간의 단축으로 오히려 말을 절약해야 하죠. 말의 절약이란 쓸 때 쓰고, 아낄 때 아끼는 효율적인 업무 습관을 말합니다.

현대인들은 6분 30초마다 스마트폰을 꺼냅니다. 각종 SNS에 포위된 삶을 살아가고 있지요. 그런데 한 조사에 의하면, 모바일 주 이용자가 SNS를 이용하는 하루 평균 시간이 2017년의 44.0분에서 2018년에는 35.8분으로 줄었다고 합니다. 많은 사람이 SNS에도 지치고 사람과 직접 대면도 하지 않는다는 의미입니다. 하지만 대면 없이, 대화 없이 기업의 생산성과 개인의 성과가 높

직장인의 바른 습관

아질 수 있을까요?

생산성 향상을 최고의 목표로 여기는 미국 기업들도 다양한 시도 끝에 대화를 많이 나누어야 생산성이 높아진다는 결론에 도달하여 재택근무를 줄이고 있습니다. 따라서 대면과 대화는 직장인의 습관이 되어야 합니다. 그리고 대면과 대화의 습관을 기를 수 있는 유용한 가이드로 호렌소를 권해드리는 것이지요.

다시 말해, 호렌소는 디지털 시대의 소통 인재가 갖추어야 할 필수적인 습관이라 할 수 있습니다. 단순히 제때 보고하고 연락하는 지침이 아니라 회사와 자신의 목적을 일치시키고, 상사와 동료를 업무 환경으로 인식하고 소통한 결과, 성과를 실현하는 습관인 거죠. 또 호렌소는 상사와의 관계를 개선하는 기능도 담당해요. 상사에게 정보를 제공해 의사 결정을 돕고, 자신의 의견을 개진해 업무가 순환될 수 있도록 상사를 보좌하기 때문입니다.

예를 들면, 연락은 단순히 직원들끼리 정보를 공유하는 것이 아니라 정보를 심화시키는 겁니다. 일례로 3월 14일은 누구나 알고 있듯 화이트데이죠. 하지만 그날은 제 생일이기도 합니다. 3월 14일이 제게는 특별한 의미가 있기에 보통 사람들과는 다른 행동을 하겠죠. 보통은 연인에게 줄 사탕을 준비하겠지만, 저는 생일 축하 자리를 가질 겁니다. 이처럼 같은 날이라도 의미와 목적이 다르면 행동 또한 달라집니다.

회사에서 매출 목표 20% 초과 달성을 요구할 때 직장인 각각에 따라 그 의미가 다를 수 있어요. 누군가에게는 단순한 업무 목표겠지만, 또 다른 사람에게는 보너스가 나오는 분기점이 될 수 있어요. 그저 20이라는 숫자에 불과하게 다가오는 사람도 있을 겁니다. 호렌소는 목적 사고를 하는 자립형 인간을 지향합니다. 다시 말해 내가 목적을 알고, 그 목적에 맞게 스스로 성취하는 업무 습관을 권합니다.

스타트업 회사들과 공유 오피스에 있었을 때 저는 여러 청년 창업가를 만났습니다. 그 청년들은 어떻게 투자자 앞에서 프레젠테이션을 잘 할 수 있을지, 또 그들을 어떻게 설득할 수 있을지를 고민하더군요. 바로 이런 상황에 유효하게 작용하는 것이 직장 화법입니다. 각 상황에 맞는 예의범절이 있듯 직장에서도 일을 잘하기 위한 직장인들의 대화법이 있습니다.

지금까지는 직장 화법하면 단순히 직장인이 서로 예의를 차리는 표현 방식만을 떠올렸을 겁니다. 하지만 진정한 직장 화법은 내가 생각하는 것을 말할 수 있고, 상대가 생각하는 것을 이해하는 모든 과정을 포함합니다. 직장 화법의 본질 내지는 중심이 현란한 말솜씨나 멋진 보고서를 의미하지 않는다는 거죠. 더구나 근무 시간이 줄어들어 정제된 소통이 필요한 지금, 늘어지거나

직장인의 바른 습관

중언부언하거나 핵심이 없거나 내용을 제대로 전달하지 못한다면 그 대화는 오해를 사거나 미완성되거나 불완전하게 떠다닐 것입니다.

직장에서의 대화는 간결하면서도 자신이 하고자 하는 말을 적확하게 전달할 수 있어야 합니다. 즉 완성도를 갖춰야 합니다. 집을 짓거나 건축을 할 때 마감이 제대로 되지 못하면 건물이 무너질 수 있듯, 직장에서의 대화도 항상 잘 마감되어야 합니다. 서로 대화가 통하고 수신과 발신이 완벽하게 일치했을 때 직장 대화는 잘 마감됩니다. 따라서 호렌소는 직장인뿐만 아니라 스타트업 기업인들에게도 반드시 필요한 기술입니다. 기술적으로 구현한 아이디어를 실행하려면 투자자와 자본이 필요한데, 이때 투자자는 조직의 동료들이고 자본은 그들의 능력이라 빗댈 수 있습니다. 그들을 이해시키고 설득하는 과정에서 직장 화법을 완벽하게 구사해야 더 효율적으로 아이디어를 실행할 수 있습니다.

3

협력을 200% 이끌어내는
삼각 축 커뮤니케이션

사람은 누구나 발전하고 싶은 욕구가 있습니다. 우리가 사는 시대 역시 발전하는 개인을 원합니다. 이렇듯 개인의 발전이 성공으로 인식되고 있는 지금, 성공을 위해 우리가 갖춰야 할 필수 덕목에는 무엇이 있을까요?

2018년 대한상공회의소가 국내 매출 상위 100대 기업을 대상으로 분석한 결과, 63개 기업이 인재가 갖춰야 할 최고의 덕목으로 소통과 협력을 꼽았습니다. 2008년부터 5년마다 실시되는 이 조사엔 한 가지 흥미로운 사실이 숨어있습니다. 회사가 원하는 인재상이 매년 바뀐다는 것입니다. 2008년 조사에서는 창의성이 1위였고, 2013년에는 도전 정신이었지요. 그리고 2018년에 꼽은 최고의 덕목은 소통과 협력입니다.

사실 소통과 협력의 필요성은 계속 강조되어 왔습니다. 이 두 가지는 직장인에게 꼭 필요한 덕목으로 여겨지곤 하죠. 때문에 '직장 내에서 어떻게 소통할 것인가' 하는 문제는 마치 만성피로처럼 우리를 따라다닙니다. 그렇다면 어떻게 해야 소통의 달인이 될 수 있을까요? 이것은 직장 내 고민 상담 시 직장인들이 제게 가장 많이 묻는 질문이기도 합니다. 그럴 때 저는 이렇게 답하죠. 소통의 달인이 되려면, 가장 먼저 커뮤니케이션의 기본 축을 기억해야 한다고 말입니다.

커뮤니케이션 이론에는 '모든 커뮤니케이션에는 관계relationship와 내용contents이 포함되고, 관계를 내용이 규정한다'는 메타커뮤니케이션meta communication이라는 개념이 있어요. 그런데 저는 여기에 방식way을 더해 소통의 삼각 축을 제안합니다. 소통에 꼭 필요한 세 가지(관계·내용·방식) 개념을 항상 머릿속에 기억해두어야 합니다.

그렇다면 먼저 '관계'에 대해 생각해볼까요? 우리는 소통할 때 어떻게 상대를 대하고, 어떻게 서로 관계를 설정할지 고민합니다. 우리나라처럼 커뮤니케이션을 할 때 관계를 많이 생각하는 나라도 없어요. 또 존칭어는 얼마나 복잡한가요? 예를 들면,

주문한 커피가 나와도 "커피가 나오셨습니다"라고 말합니다. 어법상 올바른 표현이 아닌 것을 알면서도 습관적으로 잘못 말하는 경우입니다. 어쩌면 이런 현상은 상대를 높이면서 자신도 똑같이 존중받기를 바라는 사람들의 심리가 반영된 것은 아닐까요?

직장에서 커뮤니케이션을 할 때도 "내가 형 같아서 하는 말인데" 또는 "우리가 가족이나 다름없으니까 솔직하게 말하면" 심지어 "우리가 남이가?"라며 관계를 설정합니다. 어느 직장이든 세대 간의 갈등이나 직급 간의 갈등이 발생하면 직원은 상사를 꼰대로, 상사는 직원을 꼴통으로 치부하며 서로의 관계 속에서 평가를 하고 규정을 내리더군요. 또 친구가 되기 위해서는 온갖 방법을 동원해서라도 나이를 알아내야 합니다. 무슨 띠냐고 묻는 것부터 몇 학번이냐는 당연하고, 어느 모임이든 첫 번째 만남에서 자연스럽게 막내가 탄생합니다.

이런 현상만 놓고 보면 관계가 무척 발달한 듯 보이지만, 막상 대면력은 너무나 취약합니다. 참 아이러니하죠? 우리는 즉, 서로를 대하는 관계 설정에 있어 막연하고 모호하다는 말이죠. 이렇듯 관계가 모호하니 사람과 마주 보고 즐겁게 관계를 맺을 수 있는 능력이 약한 것은 당연한 일입니다. 관계란 서로를 어떻게 규정하느냐의 문제입니다. 소통의 관계에서는 상하, 갑을 관계가 아니라 서로를 어떻게 대할 것인가 하는 문제가 가장 중요합니다. 결론부터 말하면, 소통에서 말하는 관계는 누구에게나 언제나 어디서나 무조건 충직하고 정직해야 합니다. 소통의 관계가 수시로 변해서는 안 되는 거죠.

이 말을 상대에게 거짓말을 해서는 안 된다는 내용으로 국한하면 안 됩니다. 상대를 거짓으로 대하는 것도 거짓말을 하는 것과 같기 때문이에요. 따라서 직장에서 고객, 상사, 동료 등을 대할 때도 무조건 충실하고 정직해야 합니다. 만약, 관계를 충직하게 설정하지 않는다면 소통은 망가지기 쉽습니다. 사람의 자리나 위치가 바뀌게 된다면 더욱 그렇지요. 우리가 비언어적인 소통에 관심을 가지는 이유도 관계의 충직성을 그것으로 가늠할 수 있기 때문입니다. 불확실하거나 모호하거나 애초와 달리 말을 바꾼다거나 언어와 비언어가 불일치한다면 그 관계는 충직하지 못한 것입니다. 그러니 진실로 관계를 다지는 일에 힘쓰시길 바랍니다.

소통의 삼각 축 중 두 번째 축을 맡고 있는, '내용'에 대한 이야기를 해볼까요? 우선 내용과 관련된 유행부터 파악해보죠. 스토리텔링은 언젠가부터 유행어가 되다시피 했습니다. 스토리텔링은 어떤 메시지를 전할 때, 그 메시지에 스토리를 담아 표현하는 방법을 말합니다. 이 방법의 한 가지 단점이라면, 주연인 내용을 조연으로 만드는 경우가 있다는 것입니다. 음식보다 그릇에 더 신경 쓰는 오류가 생기기도 하는 것이지요.

어떠한 내용도 명쾌하고 간결하게 전달되어야 하며 무결하게 표현되어야 해요. 블록체인이 해킹되면 안 되듯, 무인 자동차가 사람을 치면 안 되듯 직장에서는 특히나 각자 전달하고자 하는 내용이 무결할 것을 요구하니까요.

급속히 변화하는 디지털 환경은 우리가 전하고자 하는 내용을 어떤 형태로도 담을 수 있게 해주었습니다. 그럴수록 그 내용은 기름기를 뺀 살코기처럼 더더욱 어떠한 흠 없이 깔끔하고 명쾌해야 합니다. 그렇다면 그 내용을 무결하게 하는 포인트는 무엇일까요?

먼저 당신이 하는 이야기가 겹치지 않고 빈틈없어야 합니다. 소통을 제대로 하지 못하는 사람은 다른 사람과 대화할 때 내용이 대체로 너무 겹치거나 너무 비어서 탈인 경우가 많거든요. 겹침과 빈틈을 없애는 무결 화법의 방법은 정말 간단합니다. 매직 넘버 3만 기억하면 되는데, 항상 세 가지로 정의하면 됩니다. 예를 들어, 소통의 목적을 정의해보겠습니다. 소통의 첫 번째 목적은 상대의 생각을 듣는 것이고, 두 번째는 내 생각을 말하는 것이고, 세 번째는 서로 간의 생각을 일치시키는 겁니다. 이렇게 요약력을 기르고 원투 스트레이트 어퍼컷처럼 세 가지로 내용을 완결해야 합니다.

마지막으로 '방식'에 관해 설명할게요. 요즘에는 메신저와 소셜 미디어로 소통하다 보니 사소한 맞춤법 실수가 많아요. 더구나 초성으로 싹둑 잘라 축약하다 보니 소통의 방식이 종종 무시되곤 하더군요. '감기 얼른 낳으세요' 같은 실수를 반복하는가 하면, '츤데레' 같은 신조어도 소통의 방식을 흐트러트립니다. 저는 그럴수록 방식이 섬세해야 하고 정제되어야 한다고 생각합니다. 우리는 4차 산업혁명 시대를 살고 있습니다. 소통 방식에 아쉬움이 없는 지금이기에 역설적으로 소통 방식에 집중해야 합니다.

제가 존경하는 인문학 강사 최진기 선생은 『한 권으로 정리하는 4차 산업혁명』에서 "빅데이터는 인간의 마음을 읽는 기술이다"라고 말했습니다. 저는 이 말을 4차 산업혁명 시대를 살아가는 우리 삶의 방식이 더 인간적이어야 한다는 말로 이해했습니다. 만약 직장 후배가 상사인 당신에게 회사 문제로 상의할 일이 있다고 했을 때 어디에서 대화를 나눠야 할까요? 근처의 카페나 자주 가는 호프집 혹은 구내식당 등이 떠오르시나요? 저라면 가능한 한 회사에서 조금 멀리 떨어진 프라이빗한 공간을 선택할 것 같습니다. 동료들의 눈치를 보지 않고 조금이라도 편안하게 대화할 수 있는 곳을 찾아볼 겁니다. 가볍게 반주를 해도 좋은 곳으로 말이죠.

이렇게 소통 방식은 디테일한 것조차 고려되어 상대에게 전해져야 합니다. 특히 리더라면 더더욱 그래야 합니다. '눕기 전에 앉아라'라는 인도 속담처럼 소통의 방식은 한 계단 한 계단 순서대로 정교하게 다듬어져야 합니다. 특히나 직장에서 소통할 때는 커뮤니케이션의 삼각 축인 관계 · 내용 · 방식을 언제나 숙지해야만 내가 하고자 하는 말을 올바르게 상대에게 전할 수 있습니다.

　　　　　　　　　　　　　　　　　　　　　　직장인의 바른 습관

4
발전과 성공의 마지막 퍼즐 조각
잡담력

인간은 사회적 동물입니다. 당신이 어디에 있든 커뮤니케이션의 중요성은 아무리 강조해도 지나치지 않아요. 더욱이 회사에서의 커뮤니케이션은 당신의 발전과 성공을 가름하는 결정적인 요소로 작용합니다. 회사에서 하는 커뮤니케이션은 크게 네 가지로 나뉩니다. '이렇게 할까요?' 하고 상의하는 상담과 '이렇게 하겠습니다'라고 전달하는 연락, '이렇게 했습니다'라고 하는 보고 그리고 끝으로 잡담입니다. 그런데 가장 사소해 보이는 잡담이 결정적인 역할을 하는 순간이 있으니, 바로 상담을 할 때입니다.

상담은 어려운 문제에 부닥쳤을 때 지혜를 모아 해결하는 것을 말합니다. 그런데 평소 말도 잘 안 했던 상대와 골치 아픈 문제로 만났다고 해서 단숨에 해결책이 나올까요? 평소에 직원들에게 말을 걸어보고, 또 직원들의 말을 받아보아야 머리를 맞댈 수 있는 겁니다. 하지만 우리 정서상 어릴 때부터 과묵함을 요구당했기에, 특히 밥상머리에서는 더더욱 침묵을 강요당했기에 식탁에서 대화법을 익히는 유대인과는 어릴 때부터 창의력에서 큰 차이가 날 수밖에 없어요. 어른이 되어서도 상대가 무슨 말을 할라치면 싱거운 사람이라고 타박을 하곤 하죠. 이래서는 잡담을 제대로 하려고 해도 그 시도 자체가 쓸데없는 것이 되고 맙니다.

영어로 스몰 토크small talk라고도 하는 잡담은 이미 100년 전부터 인류학과 언어학에서 연구 대상이었습니다. 20세기 가장 위대한 인류학자인 브로니슬라브 말리노프스키Bronisław Malinowski가 1923년 처음 잡담을 연구했죠. 언어학에서는 패틱 커뮤니케이션phatic communication으로 불리는데, 즉 굳이 정보를 제공하지는 않지만 사회적 호의를 표현하는 기능적 소통법을 말합니다.

직장인들은 잡담이 가능한 TPO에 항상 노출되어있습니다. 탕비실에서, 복도에서, 엘리베이터에서, 통근버스에서, 구내식당에서, 회사 앞을 비롯해 전혀 예상치 못한 장소에서 언제 누구를 만날지 모릅니다. 이 만남의 의외성이 직장인 잡담의 출발점입니다. 특히 새로운 사람을 만났을 때 잡담의 진가가 발휘됩니다. 시간을 벌고 서로를 탐색하며 관심사를 찾기 아주 좋은 대화 기법인 동시에 불편한 대화의 갭을 채워주는 안전판의 역할을 담당하기 때문이죠. 주변을 보면 언제 어디서 만나도 마치 나를 만날 줄 알았던 듯 준비한 말도 잘하고 인사도 잘하고 마무리도 잘하는 사람이 있어요. 누구나 그런 사람에게는 어떤 형태로든 호의를 가질 수밖에 없습니다. 이것이 바로 잡담의 힘, 잡담력을 길러야 할 이유입니다.

그렇다면 잡담력은 어떻게 길러질까요? 근육은 큰 근육과 작은 근육으로 이뤄져 있어요. 큰 근육이 스피치라면, 작은 근육이 잡담인 겁니다. 그런데 작은 근육을 미세하면서도 멋있게 만드는 게 훨씬 힘들다고 해요. 근력운동 강도는 줄이되 빈도를 높여야 하거든요. 잡담이 그렇습니다. 가벼운 강도지만 자주 하는 것이 중요합니다. 자주 말을 걸고 말을 받아봐야 해요. 우리에겐 대화 상대가 얼마든지 있어요. 오가며 만나는 동료, 고객, 식당 이모님 등 잡담 파트너가 곳곳에 있습니다. 짬 날 때마다 허리를 풀고 스쿼트를 하듯 잡담도 빈도수를 높여보세요.

그렇다면 잡담을 어떻게 시작해야 할까요? 그 전에, 우선 말을 받는 법부터 익혀봅시다. 처음 보거나, 안면은 있지만 그다지 친하지 않은 동료를 엘리베이터에서 우연히 만난 상황을 상상해보세요. "오늘 날씨가 참 좋네요!" 상대방이 먼저 날씨로 말을 텄어요. 그때 어떻게 대답해야 할까요? "네"라고 답하는 순간 침묵이 흐르고 맙니다. 20층까지 가야 하는데, 게다가 아직 15층이나 남았는데 말입니다.

어색함에 식은땀을 흘리지 않으려면 상대방이 건넨 얘기에 나의 대답을 얹어 '1+1'을 해봅시다. 잡담 받기의 기본인 호응과 얹어주기를 활용하는 것입니다. 상대방이 날씨가 좋다고 말하면 "네, 오늘 날씨가 정말 좋네요. 내일은 미세먼지도 없다네요" 혹은 "그러게요. 날씨도 좋은데 나들이 계획 있으세요?"라고 편안하게 대답하면 좋습니다. 아주 간단하지 않나요? 이렇게 말문을 트고 잡담을 시작하면 상대방에게는 그것이 긍정의 신호로 보입니다. 잡담의 목적은 호감을 표현하고 서로 공감의 시간을 넓히는 것이라는 사실만 기억하세요.

다음은 잡담의 시작, 말을 거는 방법입니다. 제가 잡담에 대해 깊이 생각하게 된 계기가 있어요. 2년 전 첫 번째 저서 『누가 오래가는가』를 출간하고 나서 이 책을 팔러 다닐 때였습니다. 당연히 책을 많이 팔아야 하니 홍보도 하고 주변에 많이 알려달라고 세일즈를 해야 하는 상황이었어요. 그런데 앞뒤 자르고 "내 책 좀 사줘"라고 할 만한 사람들을 제외하고는 어쨌거나 아쉬운 말을 해야 했습니다. 저는 직장생활 24년 중 7년을 임원을 했고, 15

년을 사내 변호사로 일한 터라 안팎으로 부탁의 언어가 익숙한 사람은 아니었어요. 설사 잘 아는 사람에게도 하기 어려운 말을 한 다리 건너 소개받은 사람에게 부탁하려니 차마 입이 떨어지지 않았습니다. 약속을 잡아 간신히 책 한 권 들고 마주하면 무슨 말을 어떻게 꺼낼지 몰라 두려움이 앞섰던 겁니다.

다짜고짜 책을 사달라고 해야 하나? 오만 가지 생각이 자존심과 함께 뒤엉켜 바보가 된 기분이었습니다. 아침에 눈을 떠서 바닥에 발을 딛는 순간 망망대해 뗏목에서 바다로 발을 내딛는 기분이었죠. 오늘도 또 책 홍보를 다녀야 하는구나 하는 생각에 침대에서 나오기 싫은 날도 많았어요. 직장생활을 하면서 잡담하려는 시도를 안 해봤더니, 막상 책 하나도 제대로 홍보하지 못하는 처지가 되고 만 것입니다. 그런데 잡담으로 시작하고 잡담으로 끝낸다고 생각하고서부터는 시간이 지날수록 용건을 꺼내는 게 참 쉬워졌습니다. 잡담의 힘을 알게 된 거죠. 잡담으로 시간을 벌고, 책과 관련된 말을 하고, 구매를 요청하는 편지 한 장을 정중하게 두고 나오면서 다시 잡담으로 마무리 짓는 과정을 반복하다 보니 나중에는 하나도 어렵지 않았습니다. 그렇게 첫 번째 책을 3쇄까지 찍었으니 초보 작가로서는 연착륙한 셈입니다.

말을 받는 방법도 알겠고 걸어야 한다는 것도 알겠는데, 그렇다면 잡담에는 어떤 주제가 좋을까요? 잡담은 주제만 있을 뿐

결론이 없어요. 그래서 주제가 그 대화의 전체입니다. 친구 중에 보험영업사 대표가 있는데, 그는 냉면만으로도 한 시간을 얘기할 수 있습니다. 그야말로 대단한 잡담의 달인인 거죠. 그 친구 같은 영업의 신들이 공통적으로 조언하는 잡담 주제가 있습니다. 상대방이 좋아하는 주제로 말을 시작하라는 것입니다. 예를 들면, 연세가 있는 고객들은 무조건 건강과 자식 문제로 시작하면 벽을 깨고 얼음을 녹이며 상대방과의 체류 시간을 충분히 벌 수 있다고 합니다. 그렇다면 누구나 좋아하는 주제는 무엇일까요? 말을 걸기 가장 좋은 시작은 관심 주제에 대한 칭찬입니다. 날씨는 모두의 관심사니까 날씨 칭찬으로 간단하게 대화를 시작해보세요.

그다음 관심사는 무엇일까요? 본인 아닐까 싶어요. 서양에서는 상대방의 옷차림을 가장 먼저 칭찬합니다. 대화를 시작한다는 의미예요. 남자는 넥타이를, 여자는 액세서리를 칭찬하면 된다고 합니다. 여기서 중요한 점 하나, 아무리 칭찬이라 해도 상대방에게 맞는 칭찬을 하세요. 만약 상대방을 칭찬하려면 잘 관찰하고 진짜 장점을 찾으세요. 절대 무심하거나 성의가 없거나 영혼 없는 칭찬은 하지 마세요. 상대에 대한 칭찬으로 시작하면 일단 잡담 본연의 역할, 즉 분위기를 만드는 것이 가능해요. 좋은 기를 전하고 상대방에게 호의를 표현하는 것이 잡담의 시

직장인의 바른 습관

작입니다.

저는 상대방에게 "요즘 좋아 보인다^{You look good}"고 말하는 것으로 잡담을 시작하곤 합니다. 실제 좋은 상황이라면 기분이 좋을 것이고, 설사 안 좋은 상황이라도 상대방이 좋아 보인다고 하니 다행이라고 생각할 겁니다. 거기에 이 칭찬은 질문으로 곧잘 이어진다는 장점도 있습니다. 상대방은 감사하다고 할 테고, 그런데 뭐가 좋아 보이냐고 묻겠죠. 그때 저는 "모두 좋아 보입니다"라고 대답해요. 인상도 좋아 보이고, 일도 잘 풀리는 것 같아 보인다고 말해요. 그리고 가능하면 잡담에는 좋은 단어를 섞어 쓰세요. 점심 직후 우연히 복도에서 누군가를 만났는데, 점심 먹은 식당을 타박하는 건 별로예요. 30초를 이야기하든 30분을 이야기하든 잡담 본연의 역할은 좋은 기를 주고 분위기를 좋게 만드는 겁니다.

또한 잡담은 상대를 기분 좋게 만들고 나면 소멸해야 합니다. 알맹이가 없는 게 잡담의 핵심입니다. '잡담의 결론'이라는 말을 들어본 적 있나요? 없죠. 알맹이가 없으니 결론도 없어야 합니다. 이게 정말 중요합니다. 우리는 항상 의미 있는 말을 해야 한다고 생각해요. 그런데 잡담에는 의미나 알맹이가 있어서는 절대 안 됩니다. 잡담은 진지해서는 안 돼요. 진지해지는 순간 장소를 옮기거나 시간을 잡아 상담해야 하니까요. 잡담은 깔끔해야 합니다. 그래서 주제의 길이를 잘 선택하고 얘기가 길어질 것 같으면 아예 꺼내지 않는 게 좋습니다. 분위기가 무거워지는 말 역시 피하는 게 좋아요. 잡담은 상담을 잘하기 위한 준비 체조라 할 수 있어요. 마치 테이블에 놓인 캔디 같은 존재입니다. 잠시 달달함을 즐기는 대화법인 거죠. 잡담을 나눌 때 달달한 먹거리를 내놓는 것도 이런 이유가 아닐까요?

회사라는 조직에서의 모든 상황은 사실 평가의 연속인데, 회사는 구성원 간의 불화는 물론이거니와 직원들의 포커페이스도 싫어하죠. 함께 일하기 좋은 사람, 함께 일하고 싶은 사람이 좋은 평가를 받는 건 당연지사입니다. 잡담력을 길러 친화력이 있는 인재가 되어보는 것은 어떨까요? 어느 누구도 관계에 스트레스를 받으며 피곤하게 일하는 것을 원하지 않잖아요.

사실 일상이나 직장에서 죽고 살 일도 그다지 없지만 지극히 사소한 것도 드물긴 합니다. 반복되는 일상에서 잡담할 거리가 부족할 수도 있습니다. 그럴 때는 '안녕하세요?' 한 마디로 쉽게 시작해보세요. 언어학에 따르면 아침 일찍 처음 뱉는 이 인사말이 대표적인 잡담이라고 합니다. 내일 아침부터 '안녕하세요?'라는 잡담으로 활기차게 하루를 시작해보는 것은 어떨까요?

직장인의 바른 습관

5
꽉 막힌 업무를 뻥 뚫어주는
'TSI' 상담 팁

'상담'하면 먼저 의사나 변호사를 찾아가서 이야기하는 모습이 떠올라요. 그런데 직장에서 말하는 상담은 어려운 문제를 만났을 때 함께 지혜를 모아 해결해 나가는 소통이라고 앞에서 말했죠. 먼저 개인 상담부터 생각해볼까요? 우리는 몸이 아프면 의사를 찾아갑니다. 그때 어떻게 말해야 진료를 잘 받을 수 있을까요? 내가 의사에게 "몸이 아파서 왔는데요" 하고 말하면 의사는 "어디가 아픈데요?" 하고 물어봅니다. 내가 "여기저기 안 쑤시는 데가 없고 안 아픈 데가 없고 입맛도 없고 잠도 잘 안 와요"라고 말하면 진료가 제대로 이뤄질까요? 의사는 십중팔구 이렇게 말할 겁니다. "종합 검진을 받으셔야겠는데요."

상담을 효율적으로 하고 싶다면 가장 중요한 문제에 집중하고 간결하게 요약해야 합니다. 회의도 상담과 마찬가지라고 할 수 있어요. "현재 우리 회사가 처한 문제점에 대해서 쭉 얘기를 해봅시다"라고 해서는 절대 효율적인 회의가 될 수 없어요. 집중해서 지혜를 압축적으로 모아야 합니다. 과연 어떻게 집중하고 요약 정리해서 상담할까요? 그 해답으로 'TSI'라는 팁을 알려드릴게요.

첫 번째로 토픽topic입니다. 예를 들어 "제가 이번 인사이동 문제로 상담을 좀 하고 싶은데요"라고 말합니다. 어떤 상담을 할 것인지 아젠다를, 제목을, 주제를 먼저 말하세요. 두 번째는 시추에이션situation입니다. 상황을 육하원칙에 맞춰 설명하는 거죠. "함께 일하는 팀장님이나 팀원들하고는 잘 맞는데, 지금 담당하는 업무가 저와 좀 안 맞는 것 같아서요" 이게 상황입니다. 마지막으로 인터레스트interest, 즉 나의 이익입니다. "그래서 다른 부서에 가서 다른 업무를 해보면 어떨까 싶은데요" 내지는 "다른 부서로의 이동이 어려우면 다른 팀원과 업무를 바꿔서 해보면 어떨까 싶어서요. 그 문제를 팀장님하고 상담하기 전에 찾아왔습니다. 회사의 상황을 잘 아실 테니까요"라고 말해보세요. 이렇게 산발해 있는 주제를 모으고 요약하지 않으면 상담은 진행되기 어려워요.

직장인의 바른 습관

병원에 가서 "제가 속이 좀 아픈 거 같아요" 하고 말하면 의사가 "어디가 어떻게 아프시죠?" 하고 물을 겁니다. "실은 자기 전에 이렇게 속이 쓰리고요…" 등의 증상을 쭉 설명해요. 이 상담을 하면서 당신이 원하는 것은 물론 치료겠지만, 또 다른 예기치 못한 상황까지 설명할 필요가 있습니다. "그런데 제가 3일 동안 해외여행을 갑니다. 제가 그 기간에는 병원에 못 오니까 아프지 않게 진통제라도 처방해주세요. 여행 다녀와서 다시 오겠습니다" 이런 과정이 상담의 정석이라 할 수 있어요.

무엇을, 언제, 어디서, 어떻게 상담할지 설명했는데, 이젠 누구와 상담할지 한번 생각해볼까요? 결론부터 말하면 한번 상담한 사람과 끝까지 가야 합니다. 이 사람 저 사람에게 상담하는 게 나쁘다는 말은 아닙니다. 하지만 여기저기 슬쩍 물어보게 되면 결코 만족할 만한 해답이 나오기 힘들어요. 여러 사람의 의견을 들어보고 다수결에 따르는 것이 반드시 좋은 결정이 아니듯 진실한 사람과의 상담에서 훨씬 더 진중한 해답이 나올 수 있습니다. 그래서 상담자를 결정할 때는 신중해야 합니다. 영혼 없이 훈수만 두는 상담자를 선택하는 순간, 당신의 문제는 더 멀리 도망가고 말 테니까요.

또 상담자와 내담자 간의 신뢰도 중요합니다. 상담해준 상대에게 반드시 결과를 알리는 센스가 필요하죠. 상담자가 내담자의 문제를 진지하게 함께 고민했다면 반드시 문제가 어떻게 진행되고 있는지 궁금할 겁니다 예를 들어, 당신이 누군가에게 "이번에 어떠어떠한 프로젝트를 해볼까 합니다" 하고 부탁했어요. 상대는 "그럼 이렇게 해서 어프로치를 해보지?" 하고 팀장님이나 상사를 소개해줬어요. 그러고 나서 상황이 어떻게 됐는지 아무런 연락도 하지 않으면, '이건 뭐지? 나한테 왜 물었던 거지?' 하고 화가 날 수도 있습니다. 사후 진행 상황에 대해 알려주지 않을 경우, 상대는 다시는 어떠한 상담이나 부탁도 들어주고 싶지 않을 것입니다.

이제 또 다른 고민이 생깁니다. 한번 상담을 하면 언제까지 상담해야 할까요? 보통 상담자가 먼저 "내가 할 수 있는 건 여기까지다. A라는 친구를 소개해줄 테니까 한번 만나봐"라든지 "이렇게 해결됐으니까 내 생각에는 된 거 같은데?"라고 말해요. 상담을 받아준 사람은 어느 선에서든 자신의 기준에 맞게 끝을 내게 마련입니다. "우리 1년 동안 계속 얘기해보자"라고 하는 상담자는 없습니다. 상담자가 먼저 낌새를 보이기까지는 계속 신뢰를 쌓으면서 지혜를 모아야 합니다.

이런 이유로 상담의 적임자를 찾는 게 정말 중요하고 또 어렵습니다. 제가 앞서 말했듯이 직장에서의 커뮤니케이션은 관계가 분명한 데다 자신과 얼마나 케미가 맞고 코드가 맞는가에 따라 커뮤니케이션의 내용이 크게 좌우되거든요. 즉 친한 상담자를 찾아야 상담이 원활하다는 얘긴데, 그렇다면 '친하다'의 기준은 뭘까요? 저는 저만의 기준이 있습니다. 제가 연락했을 때 외국에 있지 않는 한 24시간 이내로 답이 오지 않으면 안 친한 겁니다. 요즘처럼 디지털 환경이 발달한 시대에는 손가락만 움직이면 24시간 이내 답을 할 수 있어요. 이 말은 마음만 있으면 얼마든지 연락이 가능하다는 얘기입니다. 그런데도 24시간 안에 연락이 없다면, 마음이 없는 걸로 받아들여도 되겠죠.

그런데 상담자와 친하기만 해서는 안 되겠죠. 같은 분야의 고민을 공유할 수 있어야 합니다. 친한 동창인데도 고민을 얘기하면 명쾌한 대답이 안 나오고, 때로는 문제가 더 꼬이고 답답해지는 경우도 있습니다. 상대가 내게 무심해서가 아니라 일하는 분야나 상황이 다르기 때문에 공감이 안 되는 겁니다. 상담을 하고 싶다면 나와 같은 분야에 있거나 세상의 물리物理를 관통해서 나의 상황, 즉 'TSI'를 직관적으로 이해하고 조언까지는 아니라도 최소한 공감은 해줄 수 있는 사람과 해야 좋습니다.

끝으로 후배보다는 선배에게 고민을 털어놓아야 좋습니다. 선배는 나보다 나이가 많은 사람이 아니라 먼저 실패를 경험한 사람이에요. 나이가 어려도 나보다 먼저 시행착오를 겪었다면 선배가 맞습니다. 결론적으로 상담자를 찾을 때는 친하고, 같은 분야에서 경험이나 고민을 공유할 수 있으면서, 먼저 실패를 경험해서 지혜가 있거나 혹은 시행착오를 줄이는 방법을 아는 사람이 좋습니다. 이 조건에 맞는 상담자를 찾아 고민을 공유하고 문제 해결 방법을 찾길 바랍니다.

세상의 많은 일이 그렇지만 상담에도 때로는 보너스가 따라오기도 합니다. 어떤 문제를 대면해서 상담하다 보면 일체감이 형성되어 자연스레 인맥이 되어주기도 해요. 좋은 상담자를 찾아 지속적으로 상담하다 보면 차 한잔을 마셔도 네트워킹이 만들어집니다. 누군가와 네트워킹을 하고 싶다면 상담을 청해보세요. 가장 따뜻한 관계의 시작이라는 보너스가 기다리고 있을 테니까요. 직장생활은 생각보다 외롭지 않습니다. 여러분.

직장인의 바른 습관

6

기분 좋게 거절하는 노맨의 비법
어서티브 커뮤니케이션

어서티브assertive는 보통 '독단적인'이라고 해석하지만, '강인하게'라고 해석할 수도 있습니다. 이 단어에 커뮤니케이션을 붙여서 '어서티브 커뮤니케이션'이라고 하면 '강인한 소통'으로 해석할 수 있죠. 당신은 회사 내에서 강인한 소통을 경험해보신 적이 있으신가요? 사실 회사에 근무하면서 강인하기란 쉽지 않습니다. 특히 커뮤니케이션을 할 때는 모 아니면 도인 경우가 대부분인 것 같습니다. 다시 말해 엄청 공격적으로 나의 의견을 밀어붙이거나, 수동적으로 그냥 주변의 얘기를 듣기만 하고 말거나 하는 태도가 대다수입니다.

세상은 점점 넓고 얕게, 다중적 인간관계를 맺는 것을 선호하는 쪽으로 변해가고 있어요. 또한 많은 직장인들이 자신이 다니는 회사가 더 이상 평생직장이 될 수 없음을 잘 알고 있습니다. 누구도 내 인생을 책임지지 못한다는 생각을 기본적으로 모두 가지고 있는 것이지요. 이런 상황에 '내 할 말을 하자'는 어서티브 커뮤니케이션이 다시 조명받고 있어요. 어서티브는 자·타가 모두 존중받는 소통 방식입니다. 다시 말해, 내 의견도 받아들여 지고 상대방 의견도 받아들이는 커뮤니케이션 기술을 의미합니다. 이 어서티브 커뮤니케이션이라는 이론을 처음 체계화한 사람은 일본의 기업 강연의 여왕이자 컨설턴트인 오쿠시 아유미大串 亞由美입니다. 그녀의 말에 따르면 대화를 잘하는 사람의 커뮤니케이션은 다음과 같은 네 가지 기본을 갖추고 있습니다.

첫 번째, 하고 싶은 일을 '하고 싶다'고 말할 수 있다.

두 번째, 상대가 해주었으면 하고 바라는 일을 '해주길 바란다'고 말할 수 있다.

세 번째, 할 수 없는 일은 '할 수 없다'고 말할 수 있다.

네 번째, 하고 싶지 않은 일은 '하고 싶지 않다'고 말할 수 있다.

직장인의 바른 습관

최근 우리나라도 '할 수 없다'거나 '하고 싶지 않다'고 솔직히 내 의사를 전하는 거절의 기술이 주목받고 있습니다. 많은 사람들이 공감한다고 하지만, 직장이라는 실전에서 이 기술을 사용하기엔 아직 걱정되는 부분이 많을 겁니다. 지속적이고 유기적인 업무 관계에 놓여 있는 상사, 후배, 동료들에게 내 의사를 말할 때는 분명 세심한 주의가 요구됩니다. 그렇다면 거절할 것은 거절하면서도 업무에 지장을 주지 않게 말하는 방법은 무엇일까요?

어서티브 커뮤니케이션의 기술을 논하기에 앞서, 상담을 먼저 이야기할 필요가 있습니다. 앞서 말했듯 상담은 문제가 생겼을 때 여럿이 모여 지혜를 모아서 문제를 해결하는 소통 방식입니다. 나와 상대의 이익을 맞추기 위한 소통이기 때문에 다른 사람의 생각이나 이익도 반드시 염두에 두어야 합니다. 상담처럼 여럿이 모인 자리에서 내 의견을 어서티브하게 이야기하기 위해선 거절이라는 개념에 집중해야 합니다. 어서티브 커뮤니케이션의 핵심인 거절을 잘 활용하기 위해서는 다음의 몇 가지를 알아두셔야 합니다.

첫 번째로 내 의견을 터프하게 표현하는 마인드를 가져야 해요. 이 말을 자신이 하고 싶은 말을 마구 표현하라는 말로 잘못

이해하면 안 됩니다. 러프rough한 게 아니라 터프tough하게 표현해야 합니다. 터프한 것과 러프한 건 분명 다르니까요. 터프하다는 강인한 것에는 배려와 감수성이 스며 있습니다. 여기서 강인強靭의 인자는 질기다는 뜻도 있지만 동시에 부드럽다는 의미도 있어요. 부드러우면서 질긴 것이 어서티브 커뮤니케이션의 정수인 거죠. 먼저 내가 하고 싶은 메시지를 강인하게 내놓을 마음을 먹어야 해요. 그리고 여기 터프와 비교해볼 수 있는 개념이 하나 있습니다. 이스라엘의 후츠파chutzpah 정신입니다. 상대의 권위에 조금 금이 가더라도 내가 할 일, 해야 하는 말을 당당히 하는 게 후츠파 정신입니다.

어서티브도 이와 다르지 않습니다. 상대방과의 관계가 삐걱거릴 수 있어도 마음을 다잡고 마음속으로 하고 싶은 말을 준비해야 합니다. 자신의 마음을 미리 제어하고 보호막을 치는 것과, 속에서라도 이 말은 반드시 짚고 넘어가겠다고 마음먹는 것은 엄청난 차이가 있어요. 이때는 우선 속으로 결심만 하는 겁니다. 어떻게든 이 말을 질기되 부드럽게 해야겠다고 결심하세요.

두 번째로, 상대에게 나의 '어서티브'를 드러내고 싶다면 우선 자신의 마음을 크게 열어야 해요. 내가 하고 싶은 말을 다 하려면 상대가 하는 말 또한 전부 들어야 합니다. 나도 닫고 상대방에게도 닫으면 강인하고 당당해지지 못합니다. 일단 물에 뛰어들

직장인의 바른 습관

어야 수영을 하고, 앞을 헤엄쳐 나아갈 수 있듯 상대방에게로 다이빙을 하세요. 그러고 나서 상대방의 주장을 헤엄쳐 나가며 내주장을 말하는 겁니다. 내가 강인하게 말하려면 상대에게도 말할기회를 줘야 합니다. 상대방의 요구를 눈과 귀로 듣고 필요하면확인도 해야 합니다. 그리고 노맨no-man이 되려면 먼저 완전히 열어야 합니다. 상대의 말을 다 듣고 거절해도 늦지 않습니다. 거절을 위한 거절이 아니라 생각해보고 거절하는 습관이 필요하다는 말입니다.

세 번째, 거절할 때는 '하기 힘들다', '그 부탁을 들어주기 어렵다'는 말을 분명히 먼저 합니다. 내가 주장하는 바를 관철시키는 경우는 긍정적인 경우와 부정적인 경우로 나뉩니다. 내가 뭔가를 하자는 것이 긍정적인 주장이고, 뭔가를 안 하거나 못한다고 하는 게 부정적인 주장입니다. 긍정적인 주장을 할 때는 처음부터 말을 꺼내기가 편합니다. 예를 들어 상사가 회식을 하자는말에 '좋습니다!'라고 말하기는 쉬워도 '오늘은 어려운데요'라고말하는 건 어렵습니다.

아무리 어려워도 부정의 단어를 가장 먼저 말해보세요. 주변을 보면 거절할 때 분명하게 말하지 않고 돌려 말하거나 말끝을 흐리거나 애매하게 표현하는 사람들이 생각보다 많습니다. 하지만 그런 모호한 거절, 잠수나 침묵은 오히려 상대의 오해를 사거나 때에 따라서는 상대로 하여금 '이 사람이 나를 무시하는구나' 하는 불쾌한 감정을 불러옵니다. 그런데 거절하는 말을 맨 처음 꺼낼 수 있다는 것은 앞서 설명했듯이, 내가 할 얘기는 해야겠다는 마음이 있을 때와 상대방이 말할 기회를 충분히 주었을 때 가능합니다.

자신의 감정을 부정하고 스스로 억누르거나 상대방의 말을 끝까지 듣지 않고서는 강인한 거절, 즉 질기지만 부드러운 거절을 하기가 정말 어렵습니다. 우리의 정서에서 서구식으로 거절하는 것은 무리가 따르죠. 제가 제안하는 절충점은 거절은 'No'라는 단어로 맨 처음 명료하게 말하되, 그 이유가 상대방 때문이 아니라는 것을 설명하는 데 집중하는 겁니다. 가장 무난하게 통용되는 거절의 방법은 '내가 싫고 할 수 없는 이유가 적어도 당신 때문은 아니라고 설명하는 것'이 중간점이 아닐까 생각해요.

우리나라 사람이 대체로 협상을 잘 못하는 이유 중 하나가 사람과 이슈를 헷갈리기 때문입니다. 이슈로 싸우다 보면 그 상대도 싫어지게 마련이잖아요. 어떤 상황이나 일로 충돌하다 보면 그 사람도 당연히 보기 싫고 싫어집니다. 우리는 어떤 일에 대한 거절을 상대의 마음까지 거절하는 것으로 확장되는 경우가 많아요. 내가 어떤 거절을 하면 상대는 자신에 대한 거절로 오해한다는 말입니다.

직장인의 바른 습관

저 역시 일상에서 수도 없이 거절당하곤 합니다. 그때마다 나를 거절한 게 아니라 내 강의를 거절한 거라고 되뇌죠. 물론 거절이라는 의미 자체가 부정적이기 때문에 기분이 좋을 수는 없지만, 그래도 일은 일로 받아들이는 게 맞습니다. 그런데 제 입장에서는 오히려 명확하게 거절의 의사를 표하는 게 고맙습니다. 모호하게 대답해서 막연한 기대를 하게 하는 경우도 많거든요.

거절의 첫 단어는 명료하게 사용하되, 관계를 중시하는 우리의 정서상 거절의 이유가 당신, 즉 사람 때문이 아니라는 점은 반드시 설명해야 합니다. 거절의 이유가 친절해야 한다는 거죠. 거절하기 정말 미안하고 어렵다면 펩 토크^{pep talk} 같은 격려의 말을 꺼내거나, 가능하다면 대안까지 말해주면 좋아요. 워런 버핏의 말처럼 'No'라고 말하는 것을 두려워하지 마세요. 내게 필요한 거절을 제대로 하는 것도 일종의 경쟁력이 되는 시대를 우리는 살고 있습니다.

꼰대가 되기 싫은 10년 차 직장인

Q. _____

후배들에게 잘해주고 싶어서 직무 관련 팁도 알려주고 술자리도 가져보았는데 반응이 시원치 않습니다. 오히려 불편해 하는 것 같기도 합니다. 좋은 선배를 만나 도움을 받은 경험이 있어 저 역시 후배들에게 좋은 선배가 되어주고 싶은데, 어떻게 하면 좋은 선배가 될 수 있을까요?

A. _____

앞에서 〈인턴〉이라는 영화를 소개했었죠. 주인공인 벤은 로맨틱하고 인간적이면서도 서로간의 인물입니다. 벤에게서 좋은 선배의 특징을 찾아볼까요?

첫째, 모든 것을 혼자 해내려고 하지 않습니다. 필요할 때는 주변에 도움을 청하고 도움을 받죠. 벤은 최신 기기 사용법이나 페이스북 페이지 만들기 등을 후배들에게 기꺼이 배웁니다. 사회에서는 선배일지 몰라도 IT 분야에서는 한참 후배인 거죠. 후배들이 좋아하는 선배는 진솔한 선배이며 배우는 선배입니다. 부족한 부분은 드러내면서 발전하는 모습까지 보여주면 후배들의 호감을 얻어낼 수 있을 것입니다.

둘째, 기꺼이 후배들에게 자신의 지식과 경험을 나눠줍니다. 다만 반드시 온화하고 부드러운 태도를 취하죠. 그렇게 해야 후배들의 수용성이 높아집니다. 〈인턴〉에서 벤은 여주인공이자 사장인 줄스에게 회사와 가정에 대해 충고하면서도 온화한 태도를 잃지 않습니다. 그의 다정한 모습 덕에 줄스는 그의 조언을 받아들이고 성장할 수 있었죠.

세 번째로는 좋은 선배의 조건 'MUFIN'을 말하고 싶습니다. 머핀은 도덕적moral이고 유용useful하며 매력적이고 재미있는fun and interesting 선배를 말합니다. 벤은 어려움에 처한 후배들을 돕고, 실용적인 조언을 해주면서도 편안한 분위기를 만드는 탁월한 능력이 있습니다. 무작정 술자리를 만들고 억지로 친해지려 하기보다는, 적당히 선을 유지하면서 머핀을 실천해 보시기 바랍니다.

Plus+

펩 토크pep talk라고 들어봤나요?

펩 토크는 라커룸에서 감독이나 코치가 운동선수들에게 하는 말입니다. 미국에서는 경연대회까지 있을 만큼 대중적인 스피치 장르이기도 합니다. 선배들은 이 펩 토크를 좀 해야 합니다. 특히 미팅이 끝날 즈음에는 반드시 해야 합니다. 혼내고 지적하는 대신 사실을 인정하고 수용하되, 시점을 전환해서 후배가 행동할 수 있도록 격려해주세요. 그런데 한 가지 중요한 사실. 길어지면 안 됩니다. 3분을 넘지 마세요.

part 4

레벨-업 :

자주적인 삶으로 바꿔주는
직장 스킬 노하우

1
보고가 어려운 당신에게
한잔의 'TEA'를 권합니다

차를 영어로 티^{tea}라고 해요. 저는 이 책의 서두에서, 차를 한 잔 마시는 루틴으로 하루를 시작한다고 말씀드린 바 있습니다. 저를 포함한 많은 분들이 커피나 녹차 한 잔을 마시며 잠시 여유를 찾고, 때로는 지친 일상에서 위로를 받기도 합니다. 하지만 이제 차를 의미하는 영어의 'TEA'가 당신에게는 또 다른 의미로 다가올 것입니다. 직장 상사나 동료들에게 통하는 보고를 위한 세 가지 키워드의 첫 글자를 모아놓은 것으로 말이죠.

먼저 'TEA'의 첫 글자인 T는 토털^{total}을 말해요. 토털이란 말 그대로 전부 다를 의미합니다. 보고는 모든 내용이 빠지거나 겹치지 않고 관련된 아젠다를 모두 다루어야 합니다. 상사 입장에서 어떤 보고서가 만족스러울지 잠시 생각해보세요. 문제의 모든 해결책을 제시하지는 못할지라도 모든 트리거trigger를 제공해야 합니다.

트리거는 방아쇠를 당긴다는 뜻도 있지만 무언가의 단초가 되거나 계기를 제공해 줄 때 쓰는 말입니다. 무언가 고안하고 궁리하게 만드는 것이 바로 트리거입니다. 방아쇠를 당기면 총알이 나가듯 말이죠. 일기예보를 할 때 기상 캐스터가 특정 지역에 대한 날씨를 언급하지 않았다고 가정해보세요. 기상 캐스터가 전 지역의 날씨를 보도하는 게 맞듯 당신의 보고서도 어떤 사안에 대해 확신이 없거나 자료가 부족하다는 이유로 건너뛰거나 생략해서는 안 됩니다. 한마디로 보고는 비겁하면 안 됩니다.

두 번째는 쉬워야easy 합니다. 우리는 보통 쉽다고 하면 표현이 유치하거나 영어, 한자어를 안 쓰는 것을 떠올리곤 합니다. 하지만 쉬운 언어란 수신자가 이해하기 쉬운 언어를 말합니다. 내가 생각하는 것을 얼마나 정확하게 상대방에게 전달하느냐, 상대방에게 얼마나 잘 이미지화하느냐의 문제인 거죠. 소크라테스는 목수와 말할 때는 목수의 언어를 쓰라고 했습니다. 아인슈타인은 여섯 살짜리가 이해하지 못하면 나도 이해하지 못한다는 말을 하기도 했습니다. 미국 변호사들도 배심원을 설득하기 위해 자신의 할머니가 이해할 수 있을 만큼 쉽게 설명하라고 배웁니다.

우리는 어떤 정보를 들으면 자신이 가지고 있는 이미지나 심상과 일치시켜 그 정보를 이해합니다. 예를 들어, 후배 직원이 "과장님, 이 프로젝트는 빨리해야 하지 않나요?"하고 물었습니다. 과장은 '이 프로젝트가 조금 더 진행된 다음 상황을 지켜보자'는 말이 하고 싶어요. 과연 어떻게 말해야 후배 직원이 직관적으로 이해할 수 있을까요? 우리가 자주 쓰는 직장 화법 중에는 비유법이 있습니다. 과장은 "컵라면에 이제 물을 부었잖아. 3분은 기다려야지"라고 말합니다. 아주 쉽고 간결한 표현이죠.

이 컵라면에 대해 후배 직원은 어떤 심상을 가지고 있을까요? 컵라면은 물을 붓고 뚜껑을 덮고 기다렸다가 먹는 음식이라는 정보를 가지고 있습니다. 쉬운 언어로 말해야 한다는 것은 상대방이 본래 가지고 있는 심상을 얼마나 잘 이미지화해서 이해시키느냐를 말해요. 골프의 고수는 상대방에게 스코어를 물어요. 그다음 친선 골프라면 상대의 스코어에 맞춰 같이 편하게 플레이를 합니다. 소통의 고수들은 하나같이 상대방에게 맞춰 대화를 합니다. 그런데 거기에는 상대에 대한 배려, 특히 시간에 대한 배려가 전제됩니다. 내 시간이 소중하면 마찬가지로 상대의 시간도 중요하기 때문이죠. 상대의 심상에 맞춰 이해를 촉진시키는 직장 화법은 중요한 말 습관입니다.

끝으로 A는 정확함accurate이에요. 보고는 완벽하고 정확해야 합니다. 보고에는 나쁜 보고와 좋은 보고가 있어요. 거짓되고 틀린 내용을 과장되게 하는 보고가 나쁜 보고의 전형이라 할 수 있죠. 하지만 제 생각에 가장 나쁜 보고는 초점이 없고 정확하지 않은 보고입니다. 본질을 흐리는 애매하고 두루뭉술한 보고가 이에 해당합니다. 이런 보고는 정확한 맥을 짚지 못했기 때문에 도돌이표처럼 끊임없이 빙빙 겉도는 보고가 됩니다.

이때 보고를 정확하게 만드는 것이 '요약력'입니다. 보고도 다이어트를 해야 합니다. 직장인들은 너나 할 것 없이 시간에 살고 시간에 죽는 사람들이에요. 장황한 보고는 보고하는 사람의 시간도, 보고받는 사람의 시간도 빼앗을 뿐입니다. 지금 내게 성공하는 말 습관이 꼭 필요하다면, 무엇보다 보고부터 굉장히 효율적으로 해야 합니다. 그렇다면 보고를 효율적으로 바꾸는 방법은 무엇일까요?

첫 번째, 정해진 시간 안에 말할 수 있어야 합니다. 가왕 조용필은 자신의 노래를 다 하려면 3일이 걸린다고 합니다. 하지만 그는 그 많은 분량의 노래를 조절할 줄 압니다. 1분 만에 노래를 할 수도 있고 종일 할 수도 있지요. 진정한 고수는 내용을 조절할 줄 알아요. 직장인에게도 이런 고수의 조절법이 필요합니다. 회

직장인의 바른 습관

사는 내가 30초간 설명했을 때 그 내용이 좋다면 30초를 3분으로 늘려서 듣고 싶어 합니다. 3분간 괜찮은 얘기를 하면 회사는 또다시 30분의 시간을 허락하죠. 그래도 내용이 좋으면 그 30분이 세 시간으로 늘어납니다. 즉, 한정된 시간에 어떤 내용을 얼마나 제대로 전달하느냐가 정말 중요합니다. 회사 생활을 할 때 저는 조절하고 요약하는 힘을 익히기 위해 1분, 3분, 5분, 10분. 30분씩 모래시계로 시간을 재면서 보고를 하고 보고를 받는 연습을 했습니다.

두 번째, 세 가지로 요약하는 습관이 필요합니다. 이 3이라는 숫자는 상당히 매력적입니다. 우리는 3차원의 세계에 살고 있고 빛 역시도 3파장이에요. 의자도 다리가 세 개는 되어야 온전히 서 있을 수 있습니다. 말하기도 마찬가지입니다. 딱 세 가지씩 말할 수 있으면 더할 나위 없이 좋습니다. 그런데 내가 하고 싶은 말의 본질을 잘 모를 때가 간혹 있을 겁니다. 당신이 꼭 하고 싶은 말이 뭘까요? 영화나 드라마를 보면 전쟁터에서 죽기 전에 꼭 전해달라는 말이 있어요. 그게 꼭 하고 싶은 말입니다. 당신이 직장에서 자기 주도적으로 말해야 할 때 핵심으로 전달할 바로 그 얘기를 세 가지로 요약하여 제시하시기 바랍니다.

세 번째로 요약력을 강화하는 방법은 부드러운 착지예요. 체조 선수가 아무리 훌륭한 기교를 선보여도 착지가 불완전하면 높은 점수를 받을 수 없어요. 보고는 아주 간결하고 깔끔하게 착지해야 합니다. 흔히 변호사들은 "변론의 문을 열었으면 문을 닫아라"라고 말합니다. 내가 어떤 말을 꺼냈으면, 그 말을 마무리하는 힘을 가져야 합니다. 효과적인 말하기 기법 중 하나인 'PREP' 기법을 들어봤을 겁니다. 가장 먼저 포인트point를 말하고 그다음 리즌reason인 근거나 이유를 설명합니다. 그다음 에피소드episode를 말하고 다시 포인트point로 끝내는 겁니다.

시간적인 여유가 있다면 PREP의 틀 안에서 깔끔하게 착지하면 됩니다. 요점을 말하고 근거를 제시하고 사례를 들고, 다시 요점을 말합니다. PREP은 SDS라고도 표현해요. 요약summary를 하고, 디테일detail을 설명하고, 다시 요약하는 거죠. 이렇게 구조를 갖추면 각각의 세 가지에 깔끔하게 착지할 수 있습니다.

보고를 앞두고 있다면 차 한잔하면서 생각해보길 바랍니다. 첫 번째로 빠지거나 겹치는 부분 없이 전부 다 아우르고 있나요? 두 번째로 얼마나 상대방이 이해하기 쉽게 잘 표현하고 묘사했나요? 마지막으로 외과 수술하듯 내용이 정확한지 살펴보세요. 이렇게 차 한잔처럼 보고한다면 당신은 보고의 고수가 되어 있을 겁니다. 보고서는 단순히 종이가 아니라 사람입니다. 'Not a person, but a human'인 거죠. 당신의 보고는 가장 당신다워야 합니다. 내가 전달하고자 하는 내용을 최대한 정확히 나답게 전달

직장인의 바른 습관

해야 하는 거죠.

보고는 절대 논쟁이 아닙니다. 쉽게 말해 승부가 걸린 문제가 아니라는 겁니다. 우리는 왜 보고를 할까요? 결재를 받기 위한 행동인 거죠. 보고는 이기고 지는 것이 아니라 나의 의견을 승인받는 과정이에요. 그런데 주변을 보면 말로는 이겼는데 정작 일에서는 지는 경우가 있어요. 멋진 보고이긴 했는데 결과적으로 나의 성과에는 도움이 되지 않았다는 겁니다. 보고를 받는 사람을 논리로 승복시킨 경우를 말해요. 보고는 협업을 위한 징검다리라는 사실을 반드시 기억하기 바랍니다. 보고를 통해 내 성과에 필요한 예산, 인력 등의 자원을 얻는 것으로 생각하고 보고를 설득의 과정으로 접근해야 합니다. 보고의 본질은 정말 차 한잔처럼 안정되게 상대를 설득하는 것입니다.

예전에 공인회계사인 한 직원이 제게 멋진 보고서를 가져왔어요. 제 의견이 틀리다는 것을 보고하는 자리였어요. 저는 몇몇 숫자를 보고 내 의견이 잘못되었다는 것을 금방 깨달았어요. 그런데 그 직원은 준비한 현란한 데이터가 아까웠는지 끊임없이 자료를 제시했어요. 당시 나는 후배의 의견에 동의했지만 확인 사살을 당하는 기분이었습니다. 마음 한편으로는 후배의 미숙한 태도가 아쉬웠습니다. 만약 그것이 직언을 위한 보고라면 그 직언 자체가 보고의 설득이라는 목적을 달성한 거죠. 보고를 명확히 하기 위해 재차 강조하는 것은 좋지만, 상대가 수용했다면 보고는 그즈음에서 연착륙하는 게 맞습니다.

분명 보고에는 여백과 쉼표가 주는 설득력이 담겨 있습니다. 보고는 상대를 설득하고 이해시켜 결재나 승인을 받는 것이 목적입니다. '이 보고를 왜 해야지?' 하는 생각이 들 때마다 설득, 이해, 결재, 승인 네 가지 단어를 머릿속에서 되뇌길 바랍니다. 글이 가는 길이 달라질 것입니다. 또 말이 가는 길 또한 달라질 것입니다.

직장인의 바른 습관

2
경로 이탈 없는
내비게이션 질문법

　이스라엘 초등학생들이 학교에 다녀오면 부모는 꼭 오늘 학교에서 어떤 질문을 했는지 묻는다고 합니다. 이것이 한동안 화제가 되었던 유대인의 교육법이죠. 사실 저는 직장인들도 질문을 해야 한다고 생각합니다. 이때 질문은 A4로 시작되는데, 여기서 A4는 인쇄용지를 뜻하는 것이 아니라 질문을 하라는 의미를 가진 알파벳 A가 들어간 네 가지 키워드를 가리킵니다. Ask, Ask, Ask and Ask. A가 네 개인 거죠. 직장생활은 끝없는 의문의 연속입니다. 하지만 직장인들은 질문하지 않습니다. 왜 그럴까요? 질문을 하면 상사나 선배가 "그것도 모른단 말이야? 왜 그걸 나한테 물어보는데? 여기가 학교냐?" 하며 핀잔을 주기 때문입니다.

제가 다니는 단골 미용실이 있는데, 이 디자이너는 제가 올 때마다 이런저런 질문을 합니다. "오늘은 헤어스타일을 이렇게 해볼까요? 마음에 드는 스타일은 없으세요?" 그럴 때마다 저는 속으로 '아니, 매번 보면서 뭘 이렇게 묻는 거지?' 하고 생각했어요. 그래서 하루는 "왜 매번 똑같은 질문을 하세요?" 하고 물었습니다. 그러자 그는 대답했습니다. "손님들이 마음속으로는 A를 원하면서 종종 말은 B라고 하거든요"

그는 손님의 의견을 물으면서 손님이 원하는 스타일링을 찾는다고 했어요. 그러면서 그는 이렇게 덧붙였어요. "미용실에 가면 디자이너가 '머리하고 어디 가세요?' 하고 묻잖아요. 그게 단순히 아무런 의미 없이 묻는 게 아니에요" 그것은 고객의 만족을 유도하고 자칫 실수를 예방하기 위한 노련한 헤어 디자이너다운 질문이었던 겁니다. 일견 사소한 일상의 에피소드로 보이지만 제게는 정말 인상적이었어요.

직장인들은 계속 질문해야 합니다. 후배는 질문을 통해 상사, 선배, 회사, 고객의 의중을 알 수 있습니다. 상사, 선배, 회사, 고객은 직원 또는 후배의 질문에 답하면서 자신도 배우고 정리하게 되죠. 또한 상대의 질문에 상사나 선배, 고객은 정직하게 대답해야 합니다. 그래야 질문하고 답하는 과정에서 상대의 속마음을

직장인의 바른 습관

알 수 있으니까요. 그러다 보면 관계가 자연스럽게 형성되면서 서로 신뢰가 쌓입니다. 서로를 이해시키고 질문에 답하는 과정에서 다양한 형태의 소통이 일어나고, 그 과정에서 질문자와 답변자 모두 각자 원하는 것을 깨달을 수 있습니다.

예전에 외국인과 협상하면서 "내가 좀 미안한데 하나만 물어보자"라고 말했더니 상대가 이렇게 말했습니다. "왜 당신이 미안해하는 거지? 제대로 설명하지 못한 내가 미안한 거 아닌가?" 질문은 결코 미안한 게 아닙니다. 직장생활은 A4로 시작되고 끝난다고 해도 과언이 아닙니다. 이제 거침없이 물을 준비가 되었나요?

그런데, 질문하는 데도 나름의 방법이 있습니다. 세 개의 알파벳, A, S, K를 기억하시면 됩니다. 첫 번째 A는 애트모스피어 atmosphere, 분위기예요. 아무리 질문하는 게 중요하다 해도 상사나 선배가 너무 바쁘고 도저히 차분하게 답할 수 없는데 눈치 없이 질문해서는 안 됩니다. 그때는 좋은 답이 나올 수 없으니까요. 현답을 듣고 싶다면 분위기가 맞아떨어질 때 질문하세요.

두 번째 S는 뭘까요? 보통 스마트smart를 떠올리지만, 절대 아닙니다. S는 스튜핏stupid이에요. 세상에는 현명한 질문이 별로 없어요. 거의 대부분 우문이죠. 어떤 질문은 대답하는 입장에서 볼 때 실로 멍청한 질문일 때가 많아요. 하지만 당신은 멍청한 질문을 할 수 있고, 해도 됩니다. 아니 반드시 해야 합니다. 우문에서도 현답은 나옵니다. 멍청한 질문이라도 끊임없이 질문하는 게 직장생활을 오래 할 수 있는 비결입니다.

세 번째 K는 카인드kind예요. 질문하는 그 자체는 좋은데 무례하거나 앞뒤 뚝 자르고 뭔가 불쾌하게 만드는 질문을 하는 경우도 있어요. 그럴 때는 질문하기 전에 쿠션 멘트를 넣으세요. "선배가 바쁘시겠지만…"내지는 "선배님, 제가 잘 몰라서 그러는데요…"이렇게 예의를 갖춰 질문합니다. 바보 같은 질문은 친절하게 물어야 합니다.

이제 '왜 이렇게 계속 물어야 하는 거지?'라는 의문이 들 겁니다. 당연하게도 물어야 일을 할 수 있기 때문이죠. 기획을 예로 들어볼까요? 우리는 직장에서 수없이 다양한 기획을 하고 보고서를 씁니다. 그런데 보고서를 예쁘고 보기 좋게 만드는 게 멋진 기획을 하는 것일까요? 아닙니다. 기획은 가장 먼저 질문에서 시작됩니다. 질문을 하고 프레임에 맞춰 답을 넣으면 그게 기획입니다. 저는 이 프레임을 내비게이션navigation이라고 생각해요. 차를 타서 목적지를 내비게이션에 찍을 때 우리는 단 하나의 질문만을 입력합니다. 바로 목적지죠. 하지만 목적지로 가는 동안의 정보를 물으면 내비게이션은 경로와 빠르게 가는 방법을 알려줍니다. 도착시각까지도 친절하게 알려줘요.

직장인의 바른 습관

저는 이 책을 직장 후배가 아닌 상사나 선배들도 좀 봤으면 좋겠다고 생각해요. 제가 직장에 다닐 때 선배에게 "이 일을 언제까지 하면 되죠?" 하고 물으면, "아삽ASAP이지"라는 대답을 참 많이 들었습니다. 선배들은 절대 정확한 데드라인을 주지 않았어요. 하지만 내비게이션은 도착시각을 최대한 정확하게 가르쳐줘요. 그다음에는 뭘 또 가르쳐줄까요? How Much, 바로 비용을 알려줍니다. 목적지까지 가는 데 드는 기름값 혹은 톨게이트 통행료 등을 친절하게 알려줘요. 회사로 치면 예산을 알려주는 거죠.

당신이 기획안을 쓸 때 가장 먼저 첫 번째로 해야 하는 것이 무엇일까요? 바로 목적을 질문하는 거죠. 목적은 내가 질문하고 확정해야 합니다. 물론 중간보고를 하고 묻고 상의하고 회의하고 다듬어야 하겠지만요. 하지만 어쨌거나 적어도 내 생각에서, 내 머리에서 나오는 목적지는 내가 찍어야 합니다. 먼저 목적을 찍고 경로와 방법을 채우고, 거기에 드는 비용 그리고 도착시각을 맞춰 프레임에 넣어야 합니다. 그게 바로 MECEMutually Exclusive and Collectively Exhaustive입니다.

MECE는 쉽게 말하면 기획을 하거나 계획을 짤 때 빈틈없이, 겹침 없이 하라는 말입니다. 무척 단순한 것 같지만 사실 어렵습니다. 빠진 내용도 없어야 하지만 중언부언하는 것도 안 됩니다. 그러려면 아주 촘촘하되 전체를 모두 커버해야 하지요. 기획은 여러분이 생각하는 것보다 훨씬 더 단순합니다. 선배나 상사의 도움을 받되 프레임에 맞춰 채워 넣는 겁니다. 물론 그 답을 채우기 위해 창의적으로 끊임없이 궁리해야 합니다. 그러고 나서 답이 채워지면 문서든, 구두 보고든 전달하면 그게 보고입니다.

완벽하게 기획을, 보고를 할 필요도 없어요. 그렇게 하고 싶어도 되지도 않거든요. 하지만 적어도 한 가지는 기억해두세요. 질문으로 시작해서 정확한 프레임에 넣어 기획하고 보고해야 한다는 사실을요. 질문에서 시작하고 프레임에 답을 채우면 완벽하지는 못해도 틀리지는 않습니다. 그렇다면 더 우수한 기획을 하기 위해서는 어떻게 해야 할까요? 간단합니다. 질문하기를 습관화하세요. 기획력이 자연스럽게 확장될 것입니다.

3
실수와 야근을 없애는
중간보고의 기술

우리는 하루에도 수십 번씩 누군가와 연락을 주고받습니다. 연락이 직장 업무의 상당 부분을 차지하고 있다고 해도 과언이 아닙니다. 연락은 업무적으로 주고받는 소통입니다. 만약 그 연락이 끊어진다면 소통이 단절되는 것과 같죠. 만약 당신이 팀장님과 1층 로비에서 만나기로 했다고 합시다. "팀장님, 저 도착했습니다" 하는 이 평범한 한마디가 바로 연락입니다. 이렇게 하루에도 열두 번씩 하게 되는 연락, 어떻게 해야 실수 없이 제대로 할 수 있을까요?

예전에 제게 항상 설렁설렁 말을 건네는 부하 직원이 있었어요. 그는 슬리퍼를 신고 돌아다니다 우연히 저를 만나면 이렇게 말하곤 했습니다. "참, 팀장님. 근데 그거 아세요?" 그래서 저는 그 직원을 '동네 후배'라고 불렀어요. 그런 식으로 연락하고 보고하는 직원이라면 당연히 회사가 아니라 동네에서 만났어야 했기 때문이에요. 그런데 문제는 저 역시 그 직원의 말을 귓등으로 듣는다는 겁니다.

연락은 굉장히 정제되어야 하는 소통 업무입니다. 띄엄띄엄 느리게 우연히 마주쳐서 하는 것은 절대 올바른 연락이 아니라는 말이죠. 연락連絡의 연자는 이어진다는 뜻으로, 업무적으로 연락은 계속 이어져야 합니다. 그렇다면 연락이 이어지려면 어떻게 해야 할까요?

우선, 주고받은 기록을 유지하세요. 상사나 동료와 업무적으로 소통했다면, 그 업무가 종료될 때까지 '나가기'나 '지우기' 등을 하면 안 됩니다. 그 업무가 완전히 끝날 때까지 가지고 있어야 해요. 이메일도 바로 삭제하면 안 됩니다. 쉽게 지우다 보면 꼭 다시 필요할 때 곤란해지거든요. 기록을 유지하는 것이 연락을 자주 빠르게 하는 첫 번째 방법이에요. 기록을 유지해야 하는 이유는 그다음 내용에 이어서 계속 연락할 수 있기 때문입니다. 그동안의 내용을 다 지우고 나서 "저번에 어디까지 얘기했지? 뭐라

직장인의 바른 습관

고 얘기했더라?" 이래서는 안 된다는 겁니다. 연락은 항상 업데이트돼 있어야 합니다.

두 번째는 받은 연락을 확인하는 겁니다. 일례로 저는 수신한 이메일이나 문자를 수시로 보고, 날을 잡아 꼼꼼히 훑어봅니다. 제가 모두 답신을 했는지, 혹시라도 누락되거나 까먹는 건 없는지 확인해요. 때로는 질문한 내용에 대한 답이 부족하지는 않았는지 다시 한번 검토하기도 해요. 귀찮고 번거롭더라도 이렇게 항상 수시로 확인하는 것이 좋습니다. 요즘처럼 디지털 환경이 발달한 세상에 사과하고 며칠의 시간을 더 달라고 양해를 구하는 순간, 당신은 무능력한 직장인으로 전락하고 맙니다. 정신 바짝 차리고 확인 또 확인해야 합니다.

세 번째, 답변을 미루지 마세요. 다음에 연락하겠다고 말한 뒤 까맣게 잊어버리는 경우가 의외로 많아요. 오후 4시에 문자를 받고 '지금은 바쁘니까'라고 생각하고 미뤘다가 잠들기 전에서야 답변을 못했다는 사실을 떠올렸던 경험이 있을 겁니다. 문자를 보낸 사람은 당연히 답신을 기다렸을 테고, 기다리다 지쳐 '이게 뭐지?' 하고 의아해했을 수도 있어요. 하지만 이미 하루가 넘어간 거죠. 그런데 다음 날 '어제 연락을 드렸어야 했는데 죄송합니다' 이렇게라도 답신을 하면 다행입니다. 만약 또 '이따가 해야지' 하면 이틀, 삼 일이 넘어가게 될 테니까요.

오해는 그렇게 쌓이는 겁니다. 개중에는 문자에 대한 답을 이메일처럼 하는 사람도 있어요. 하지만 연락은 자주 빠르게 계속 이어져야 합니다. 연락은 우리가 흔히 말하는 소통이에요. 흐를 소疏, 통할 통通으로 연락이 끊어지는 순간 흐름도 끊어지고 맙니다. 일단 내가 뭔가 수시로 주고받는 업무 내용이 있다면 끊어지지 않게 흘러야 합니다. 참고로 연락과 마찬가지로 보고도 연속성이 있어야 합니다.

워라밸 시대에 가장 좋은 상사는 아예 회식을 안 잡는 상사라고 합니다. 그렇다면 워라밸 시대에 가장 좋은 보고는 무엇일까요? 좋은 보고는 묻기 전에 하는 보고입니다. 그런데 직장인들은 왜 보고를 잘 안 할까요? 보통 세 가지 이유가 있습니다.

첫 번째는 상사가 괜히 더 참견만 할까 봐 안 합니다. 두 번째는 해당 사안에 대해 자신이 없는데, 괜히 얘기했다가 일이 이상하게 틀어질까 걱정돼서 안 합니다. 세 번째는 깜짝 보고를 위해 보고할 시기를 미루는 경우입니다. 이 세 번째는 팀장들을 대상으로 강의를 하면서 알게 된 사실입니다. 황당하지만 '내가 이 보고를 기가 막히게 해서 놀라게 해야지'라는 기대를 하면서 보고할 사항을 김장 김치처럼 묵혀두는 경우가 있다는 겁니다.

상사는 지시 내린 업무가 잘 진행되고 있는지 궁금하기 마

직장인의 바른 습관

련입니다. 때문에 담당자는 상사가 묻기 전에 알맞은 타이밍에 중간보고를 하면서 보고를 이어가는 습관을 길러야 합니다. 이 때 중간보고는 왜 중요할까요? 중간보고는 자기 주도적으로 일할 수 있도록 도와줍니다. 담당자는 중간보고를 통해 여러 가지를 체크하고 많은 것을 알게 되죠. 하지만 중간보고가 아무리 내게 좋은 영향을 끼친다고 해도 하기 싫을 때가 있습니다. 그 이유는 앞서 설명했듯이 중간보고를 해봤자 쓸데없는 참견을 받거나, 전체 내용을 수정하라는 등의 지시가 돌아올 수 있다는 두려움이 있기 때문입니다. 그래서 대부분의 직장인은 요령껏 데드라인에 맞춰 아슬아슬하게 보고서를 밀어 넣죠. 얼른 숙제를 끝냈으면 좋겠다는 심정으로 말입니다.

그렇게 세상일이 내 마음대로만 된다면 얼마나 좋을까요? 이런 경우 오히려 불필요한 야근을 할 수도 있습니다. 보고서를 받은 상사가 대뜸 "내일 아침까지 다시 수정해서 가져와"라고 이야기하며 보고서를 돌려주는 대참사가 일어날 수도 있는 것이지요. 만약 중간보고를 했다면 내가 하고 있는 업무의 방향과 진행 상황을 충분히 체크하고 판단할 수 있었을 겁니다. 중간보고는 내가 가야 하는 길을 가늠하고, 앞으로 어떻게 할 것인지 결정하는 바로미터가 되어줍니다.

다음으로 알아두어야 할 것은 적당한 중간보고의 시기입니다. 대부분의 업무와 프로젝트는 기간이 정해져 있습니다. 하루짜리부터 몇 주짜리 프로젝트, 혹은 더 오랜 기간 동안 수행해야 하는 업무도 있을 수 있습니다. 그렇다면 중간보고란 그저 총 기간에서 중간 즈음 됐을 때 해야 하는 걸까요? 아니면 업무 진행 속도에 기준을 둬야 하는 걸까요?

이 질문에 대한 답은 크게 세 가지입니다. 적절한 중간보고 타이밍은 첫 번째, 프로젝트가 잘 진행되고 있을 때입니다. 일이 잘 진행되는데 왜 중간보고를 하는지 의아해하시는 분도 있을 겁니다. 그럴 땐 비행기를 떠올려보세요. 타보신 분이라면 알겠지만 운행 중에는 종종 아무런 문제가 없을 때에도 기장의 안내방송이 나옵니다. 순항 중임을 안내하는 것이지요. 승객들은 그 방송을 듣고 안심합니다. 업무 담당자의 중간보고도 이와 같은 역할을 할 수 있습니다.

두 번째는 프로젝트가 잘 안 풀리거나 예기치 못한 문제를 만났을 때입니다. 비행기를 타고 가는데 갑자기 심하게 흔들리면 기장이 안내 방송을 합니다. "지금 예기치 않게 바람을 만나서 기체가 흔들리고 있습니다. 승객 여러분은 자리에 앉아 계십시오" 안내 방송이 제때 나가면 승객들의 혼란을 잠재울 수 있습니다. 업무도 마찬가지입니다. 잘 진행되고 있을 때도 문제가 있을 때도 중간보고를 하는 게 맞습니다.

세 번째는 회사에 근무하는 모든 순간입니다. 뚱딴지같다고 느끼실 수도 있지만 정말 중요한 이야기입니다. 중간보고는 말 그대로 중간에 하는 보고일 뿐이에요. 직장생활의 마지막 보고는 퇴사할 때 사표를 내는 순간일 겁니다. 다시 말해 회사에 근무하는 동안은 모든 업무가 진행 중입니다. 보고서 작성으로 하나의 프로젝트를 끝낸다고 해도 이어서 다른 업무를 하게 됩니다. 결국 내가 하는 모든 업무는 회사가 내게 맡긴 하나의 거대한 프로젝트 속에 포함되어 있는 업무인 셈입니다. 때문에 퇴사 전까지 내가 하는 모든 업무는 중간보고라고 할 수 있습니다.

그렇다면 중간보고가 회사나 조직에서 왜 이렇게 중요할까요? 이 질문의 답을 위해서 또 다른 질문을 해보겠습니다. 기업이나 조직이 가장 싫어하는 게 뭔지 생각해본 적이 있나요? 바로 '불확실성'입니다. 기업에서는 왜 매년 또 매월 혹은 5년, 10년 단위의 중장기 계획을 세울까요?

그것은 어느 날 갑자기 회사의 상황이 악화돼도 미리 알고 있으면 대비와 예측이 가능하기 때문입니다. 직장인들이 중간보고를 소홀히 하면 상사나 회사 입장에서는 예측을 할 수가 없습니다. 불확실한 상황에 놓이게 된다는 말이죠. 결론적으로 모든 직장인은 중간보고를 습관화해야 합니다. 그 습관에 따른 보고

사이클은 상사나 동료들과 일하는 가운데 자연스레 결정될 테니 크게 신경 쓰지 마세요.

그동안 보고와 연락을 끊임없이 해야 하는 이유에 대해 이야기했습니다. 직장인이라면 항상 나는 지금 어디까지 왔으며, 앞으로 어디로 가야 하는지 수시로 질문하며 방향을 확인해야 합니다. 그러고 나면 나를 중심으로 한 사고와 방식을 설정할 수 있습니다. 다시 한번 강조하지만 연락과 보고는 자기 주도적으로 업무를 할 수 있게 해줍니다. 너무 연락을 자주 하는 것이 아닌가 싶을 만큼 자주 연락과 보고를 하길 바랍니다. 연락과 보고를 체계적이고 지속적으로 하는 습관을 키운다면, 업무를 주도적으로 끌어갈 수 있을 뿐만 아니라 직장 동료들의 업무 예측 가능성을 높일 수 있어요. 이것이야말로 워라밸 시대의 스마트 워크 웨이 smart work way가 분명합니다.

직장인의 바른 습관

4
가치 있는 한 줄
나의 존재감을 담은 연락

열심히 하는 사람도, 지식이 많은 사람도 즐기는 사람만 못하다는 공자의 말처럼 일도 즐기며 해야 합니다. 내가 나를 위해 열심히 일할 때 몰입할 수 있고, 그 결과 회사에서 높은 성과를 올릴 수 있으니까요. 남을 위해 일한다고 생각하면 절대 최고의 성과가 나오지 않아요. 그래서 일에는 언제나 내가 담겨 있어야 해요. 연락에도 마찬가지로 나를 담아야 합니다. 일본 속담에 '부재자는 언제나 틀렸다'는 말이 있듯 연락에는 나의 존재감이 없어져야 합니다.

하지만 연락에 나의 가치나 존재감을 전혀 담지 못해서 출근은 했지만 존재감이 현저히 낮은 직장인이 종종 있습니다. 존재감이 없는 연락의 일례가 'Fwd'만 찍힌 메일입니다. 내려가 보면 빈칸이고 단지 클릭 한 번으로 전달된 메일인 거죠. 연락을 받은 사람은 문자든 메일이든 뭔가 연락이 오면 들여다보게 됩니다. 그렇다면 무엇을 보고 들여다볼까요?

대부분 보낸 사람을 보고 문자나 메일을 확인하죠. 그런데 보낸 사람을 보고 딱 들어갔는데, 아무 내용도 없이 전달만 찍혀 있으면 그야말로 무성의해 보입니다. '무엇 때문에 이 사람이 연락의 플랫폼, 연락의 크루로 있지?' 하는 생각을 하게 됩니다. 연락에서 절대 하지 말아야 하는 행동은 '단순 전달'이에요. 연락에는 반드시 나의 부가가치를 넣어야 합니다.

예를 들어 어떤 연락이 왔을 때 '제 생각은 이러하고, 자료가 이러저러한 것이 있으니 참조하길 바랍니다' 혹은 '제 생각은 이렇고, 그래서 건의 사항은 무엇입니다' 등을 덧붙여 나의 부가가치를 표현할 수 있습니다. 어떤 업무에 대한 나의 의견, 생각, 진행 방향이 연락에서는 부가가치입니다. 직장에서는 상대방으로 하여금 내 의견이 가치 있게 들릴 수 있도록 해야 합니다. 그래야만 비중 있는 업무도 맡을 수 있고 새로운 역할도 생깁니다. 하지만 부가가치는 하루아침에 쌓이지 않습니다. 질 높은 연락을 주고받는 과정이 쌓이면 나의 부가가치도 함께 올라갈 것입니다.

직장인의 바른 습관

한편, 연락의 과정에서 큰 실수를 할 때가 있습니다. 내용을 제대로 안 보고 적절하지 않은 의견을 덧붙이는 경우입니다. 부주의로 인한 가벼운 실수로 치부할 수 있지만, 생각보다 무거운 결과로 돌아올 수도 있습니다. 때문에 아무리 바빠도 업무에 관한 메일만큼은 처음부터 끝까지 전부 다 읽는 것이 좋습니다. 절대 스킵하거나 대충 넘어가지 않아야 합니다. 스킵하거나 넘어가는 순간 어떤 부가가치를 더할 수 있는 기회를 놓치게 될 수도, 엉뚱하고 완전히 틀린 코멘트를 할 수도 있습니다. 만약 당신이 그런 메일을 보낸다면, 수신인이 팀장이든 후배든 그 메일을 읽는 순간 단번에 알아채고 이렇게 생각할 겁니다. '이 사람이 일을 띄엄띄엄 대충 하고 있구나'라고요.

연락에는 나의 존재감, 판단력, 가치관, 회사를 대하는 자세가 모두 담겨 있습니다. 다시 말해, 당신의 연락을 받은 상대방은 그 짧은 순간 속에서도 당신이 어떻게 상황을 판단하고 있는지, 당신이 업무에 임하는 자세가 어떠한지 모두 캐치할 수 있습니다. 심지어 요즘은 인터넷 네트워크로 연락을 주고받기 때문에 당신의 목소리를 많은 사람이 들을 수도 있습니다. 정제되지 않은 틀린 의견이 노출되는 경우도 있어 짧은 연락도 조심스러울 수밖에 없는 환경이죠. 물론 틀린 의견보다 더 나쁜 것은 자신의 생각이 담겨있지 않은 의견입니다. 연락에 자신의 의견을 담는 것은 필수 전략입니다. 다만 그 의견은 최대한 정확하고 신중하고 성실해야 합니다.

제가 이렇듯 연락의 부가가치를 강조하는 것은 그것이 사람 간의 신뢰와 직결되는 부분이기 때문입니다. 성의 없는 의견과 연락은 마치 오역誤譯과 같습니다. 잘못된 판단도 오역이죠. 이런 상황이 반복되면 신용을 잃는 것은 시간문제입니다.

역사에서도 위와 관련된 사례를 찾아볼 수 있습니다. 427년 전 일본으로 파견된 조선 통신사단 부사 학봉 김성일의 오역(오판) 사례입니다. 당시 학봉 김성일은 일본을 허장성세나 부리는 예의범절을 모르는 국가로 판단했습니다. 그는 도요토미 히데요시를 '눈이 쥐와 같으니 두려워할 위인이 못 된다'고 까지 평가했지요. 반면 함께 특사단으로 갔던 정사 황윤길은 도요토미에 대해 '눈이 반짝이고 담력과 지략이 있다'고 판단하며, 침략의 위험이 있으니 대비해야 한다고 이야기했습니다. 하지만 김성일은 그의 의견을 무시하고 왕에게 이와 반대되는 보고를 하게 됩니다. 학봉 김성일은 유능한 학자이며 관료였고 진주성을 지킨 의병장으로 기록되지만, 훗날 실제 임진왜란이 발발하자 정세를 오판한 그의 실책은 큰 과오로 남게 됩니다. 결과적으로 한 사람의 오판이 조선의 역사에 커다란 영향을 끼치게 된 셈이죠.

회사 내 당신의 위치는 어디인가요? 학봉 김성일처럼 국가

직장인의 바른 습관

를 대표하거나 회사의 명운을 좌우할 정도의 위치에 있지 않더라도 분명 회사의 손익에 영향을 끼칠 수 있는 자리에 있을 겁니다. 직급이 낮다고 나는 절대 아니라고 생각할 수도 있지만, 회사는 집단 정보로 움직이는 수익 조직입니다. 그리고 집단 정보는 개별 정보가 쌓인 것이지요. 그 개별 정보 속에는 당신의 의견도 포함되어 있습니다. 다시 말해, 당신이 도출한 의견은 반드시 회사에 영향을 끼치게 됩니다. 때문에 한 사람 한 사람이 정보와 의견을 본질 그대로 전달하는 연락의 플랫포머platformer가 되어야 합니다.

그렇다면 나의 부가가치를 높이는 기준은 무엇일까요? 앞에서는 연락에 나의 의견, 생각, 진행 방향이 들어있을 때 부가가치가 생긴다고 말했습니다. 하지만 내 의견을 얹다 보면 때로는 모순되거나, 갈등이 생겨나거나 부자연스러울 수도 있어요. 이 타이밍에 꼭 필요한 한 가지가 있습니다. 바로 당신의 핵심 가치core value가 그것입니다. 핵심 가치의 사전적 의미는 조직의 바람직한 행동 기준이자 조직원이 가지는 신념입니다. 핵심 가치는 공유 가치shared value라고도 하며 회사의 경영과 의사 결정의 방향 혹은 기준이 되기도 하지요. 회사 내 나의 부가가치를 높이는 방법은 내 목소리에 일정한 업무 기준과 가치관, 즉 핵심 가치를 심는 것입니다.

제가 회사에서 근무할 때 저의 핵심 가치는 '나의 성장과 회사의 합법적인 수익 창출'이었습니다. 이렇게 자신의 핵심 가치를 구체적인 문장으로 작성해보는 것이 도움이 됩니다. 나의 핵심 가치를 설정했다면, 그다음으로는 회사가 추구하는 핵심 가치를 알아야 합니다. 만약 회사의 핵심 가치를 아직 모르고 계신 분이 있다면 이제부터 찾아보시길 바랍니다. 회사가 추구하는 궁극적인 목표 또는 기업 문화, 가치관, 회사가 중요시하는 것, 회사가 강조하는 것이 무엇인지 어렵지 않게 찾을 수 있을 겁니다.

두 가지 핵심 가치를 모두 찾았다면, 그다음은 회사의 핵심 가치와 나의 핵심 가치를 정렬해 볼 차례입니다. 일반적으로 개인과 회사의 핵심 가치가 서로 잘 부합하는 직장인은 그 직장에서 오래 갑니다. 하지만 회사의 핵심 가치와 개인의 핵심 가치가 부합하지 않는 경우도 있을 수 있습니다. 그렇다고 회사를 위해 개인의 가치를 희생하고 변형시킬 필요는 없습니다. 직장인인 나에게 중요한 것은 회사와 내가 가진 가치를 분명히 알고 간격을 파악하는 것입니다. 어떤 일이든 핵심을 모르면 좋은 방향으로 나아갈 수 없을 겁니다. 핵심을 알고 행동하는 사람만이 나의 부가가치를 높이는 기회를 창출할 수 있습니다.

개인의 핵심 가치를 설정할 때 참고할 사회적 이슈가 있습니다. 주 52시간 근로제가 시행되기 전부터 관심을 모았던 '워라

직장인의 바른 습관

밸'이 그것입니다. 워라밸은 어느 한쪽으로 치우치지 않는 삶의 균형을 강조합니다. 이제 우리는 균형에서 한발 더 나아가 조화를 생각해야 할 때입니다. 즉 불가분의 관계에 놓여 있는 일과 삶의 지향점은 아마존Amazon 설립자 제프 베조스Jeffrey Preston Bezos가 말했듯 '워라조work and life hamony, 일과 삶의 조화'가 되어야 합니다. 우리 삶처럼 회사 내에서도 하모니가 필요합니다. 회사의 가치와 내가 생각하는 가치가 조화롭게 어우러지면 시너지가 발생합니다. 일관성 있는 하나의 가치를 기준으로 업무에 몰입하면 자연스럽게 성과가 동반됩니다.

언젠가 한 회사의 리더가 이렇게 말했습니다. "회사 임원들한테 어떤 것을 강조해야 할지 모르겠어요" 그리고 그 말에 저는 이렇게 답했습니다. "회사의 핵심 가치와 자신의 핵심 가치의 조화점을 찾게 해주세요. 회사의 핵심 가치와 나의 핵심 가치를 조화시키는 습관이 몸에 배게 하면 됩니다. 부가가치는 핵심 가치의 조화에서 나옵니다"

여러분도 스스로에게 이렇게 질문을 해 보세요. '나의 핵심 가치는 무엇인가?' 그다음엔 상사에게 물어보세요. "우리 회사의 핵심 가치는 무엇인지요?" 두 질문의 답에 대한 교집합을 그려보세요. 교집합의 범위가 크면 클수록 당신의 일이 훨씬 더 수월해질 겁니다.

5

경조사비는 봉투에
메시지는 업무 가방에

온라인 네트워킹이 보편화되면서 다양한 소통 도구가 생겨나고 있습니다. 그렇다면 어떤 소통의 도구에 메시지를 담아 보내는 것이 더 효율적인지 생각해볼 필요가 있습니다. 당신이 전하고 싶은 메시지를 담을 도구를 메시지 가방 혹은 운송수단이라고 표현해도 좋아요.

예를 들어볼까요? 회사에 지각했다고 해봅시다. 그럴 때 회사에 어떻게 알리면 좋을까요? 내 상황에서 가장 편한 것은 문자일 겁니다. 실제 대부분의 경우, 문자로 상사에게 '저 지각합니다. 죄송합니다'라고 보낼 겁니다. 그런데 문자를 보내놓고 나면 왠

직장인의 바른 습관

지 모르게 찝찝한 기분을 감출 수 없습니다. 문자 보냈는데 답신이 없으면 '도대체 문자를 읽은 거야, 안 읽은 거야?'라는 걱정을 하게 되죠. 그래서 이번에는 동료에게 전화해서 "나 늦는다고 얘기 좀 해줘"라고 부탁하지만, 그래도 찝찝한 기분이 나아지지는 않습니다. 이 상황에서 우리가 눈여겨봐야 할 핵심 포인트는 바로 메시지를 어떤 방법으로 어떻게 보내느냐 하는 것입니다. 메시지를 전할 때는 그 메시지에 맞는 그릇이나 가방에 담아야 하죠. 사실 지각할 전조를 미리 알았다면 그냥 상사에게 전화를 거는 것이 이 메시지에 맞는 최선의 방법입니다.

다시 말해, 불편한 얘기를 편하게는 못하더라도 옳게는 전해야 합니다. 메시지를 맞는 가방, 맞는 그릇에 넣으라는 말입니다. 업무상 가장 무난하고 문제가 없는 방식이 이메일이죠. 공식적이든 비공식적이든 상대방에게 무리 없는 연락 방식이 아닌가 싶어요. 때로는 어떻게 연락을 주고받을지, 즉 어떤 가방에 담아야 할지 잘 모르겠는 경우도 있습니다. 그럴 때는 상대가 보낸 가방에 내 메시지를 넣어 그 방식대로 보내는 게 가장 안전하고 확실합니다.

제가 사내 변호사로 국제 협상을 할 때였어요. 후배 직원이 상대 회사와 협상한 내용을 초반에 회의록으로 공유했습니다. 물론 상대측과도 공유했죠. 공식적인 회의 기록이라서 거기까지는 아무런 문제가 없었습니다. 그 후 제가 후배에게 전화해서 "우리 전략이 뭐였지? 의견이 있으면 나한테 알려줘"하고 말했어요. 후배는 알겠다며 우리의 협상 전략을 자세히 이메일로 작성했어요. 그리고 클릭 한 번 잘못 누르는 바람에 상대 회사를 비롯한 전체에게 기밀에 해당되는 내용이 전달되고 말았습니다. 저는 전화로 우리의 전략을 물었기 때문에 후배가 전화나 대면으로 답해주길 바랐습니다. 그런데 후배는 저에게는 정작 정확한 내용을 전달하지 못한 채 엉뚱한 사람들에게만 알려주었죠. 다행히 내부적으로 협상 전략을 수정했고, 협상은 성공적으로 끝났습니다.

결과적으로 이 사건은 모든 팀원들이 연락 방식의 중요성을 깨닫고 많이 반성하는 계기가 되었습니다. 처음부터 보고 방식을 지정하지 않은 제 잘못도 있지만, 전화로 물은 내용을 이메일로 답한 후배의 업무 대처 방식에도 아쉬움이 남았습니다. 연락과 전달을 할 때는 그 방식이 맞는지, 메시지에 맞는 가방에 담겼는지 반드시 확인해야 합니다. 한 번의 실수로 때로는 치명적인 결과를 불러올 수도 있으니까요. 만약 가방에 메시지를 담았다면 그 가방이 잘 전달되었는지 수신, 발신 확인도 반드시 해야 합니다. 너무나 당연한 이야기지만 생각보다 많이 놓치는 사안입니다. 당신은 예외일 거라는 생각은 안 하는 것이 좋습니다.

자동차의 키를 누르면 어떻게 되나요? 차의 문이 열리거나

지장인의 바른 습관

심지어 시동이 켜지기도 합니다. 어쨌든 내가 발신했을 때 자동차는 수신을 해야 합니다. 저도 주차장에서 차를 어디에 주차했는지 잊어버리면 자동차 키를 마구 눌러요. 그때 저기서 삑삑 소리가 나면 찾아가요. 하지만 업무 연락은 그렇게 무작정 시도하는 방식으로는 절대 안 됩니다.

여기 또 다른 이야기를 예시로 들어보겠습니다. 상사와 상대편 회사 상사의 일정 조정에 실패한 한 후배의 실제 이야기입니다. 원래 일정이 바뀌면서 고객사와의 미팅 일정을 새로 잡아야 하는 상황이었습니다. 후배는 고객사 상사의 비서에게 미팅을 언제로 연기하면 좋겠다는 메일을 보낸 다음 퇴근했습니다. 그런데 원래 회의가 잡혔던 그 날 오전에 상대편 회사에서 "오늘 왜 회의를 하지 않나요?" 하고 물었습니다. 후배는 메일을 보냈다고 대답하고 나서 전후 상황을 확인했습니다. 그 메일을 받은 직원은 그다음 날부터 휴가라서 회의가 잡혀있는 날에야 그 메일을 확인할 수 있었던 거죠. 후배는 메일을 보내놓고 수신을 확인하지 않았던 것이지요. 이런 사건이 발생하지 않기 위해서는 반드시 상대가 메시지를 확인했는지까지 챙겨야 합니다.

아래에 연락을 잇는 세 가지 팁을 소개합니다. 실제 직장생활에서 꼭 필요한 내용이므로 반드시 기억해주세요.

첫 번째는 먼저 발신을 확인하는 겁니다. 보낸 메일이 바로 되돌아오는 것은 발송 실패를 의미합니다. 문자는 재전송하라고 뜹니다. 내가 제대로 보냈는지 확인해야 합니다. 법률 용어를 보면 '수신 주의' 혹은 '발신 주의'라는 말이 있어요. 발신 주의는 내 손에서 화살이 떠나서 보낸 것으로 법적 효력이 생긴다는 의미입니다. 수신 주의는 도달 주의라고도 하는데, 상대방이 화살을 받아야만 법적 효력이 생기는 겁니다. 저는 메시지 연락은 당연히 도달 주의, 수신 주의라고 생각해요. 상대에게 제대로 도달했는지 반드시 확인해야 합니다.

두 번째는 수신을 한 번 더 확인하세요. 가능하면 지금 메일을 보냈다는 사실을 알리는 문자를 꼭 보내세요. 전화를 걸어 상대에게 알려주는 것도 좋습니다. 이런 업무를 통합 마케팅이라고 합니다. 이렇게 전달하고 저렇게 전달하고 이렇게 호소하고 저렇게 알려서 소비자의 머릿속에 메시지를 각인시키는 것입니다. 메시지 수신은 가능하면 통합해서 크로스 체크하는 것이 좋아요. 연락의 고수들은 약속 날과 만나는 날짜가 간격이 있으면, 리마인더를 보내 크로스 체크를 합니다. 수신을 재확인하는 겁니다.

수신이 확인됐고 상대방이 받았어요. 이제 어떻게 해야 할까요? 연락을 해야 합니다. 저는 종종 고객사에 강의를 제안하는데, 고객사가 분명 제안을 받았는데 답이 없는 경우가 있어요. 심지어 잘 받았다는 문자조차 없습니다. 이럴 때는 어떻게 해야 할

직장인의 바른 습관

까요? 두 가지 중에 하나예요. 한 번 더 수정해서 제안하거나 아니면 자문자답하는 겁니다. 자문자답은 '제가 보낸 내용이 적당하지 않은 것 같습니다. 기회가 될 때 다시 제안을 하겠으니 그때까지 안녕히 계십시오'라는 내용으로 잘 마무리하고 연락의 끈을 유지하는 것입니다.

분명 수신은 되었는데 상대가 답이 없다고 나도 답을 안 하는 것은 개인적으로는 쿨할 수 있지만 일에 있어서는 아마추어인 거죠. 사실 또다시 제안을 해도 크게 낮이 깎이는 건 아닙니다. 발신을 확인하고 제대로 수신도 확인되었는데 답이 없다면, 그다음에 어떻게 진행할 것인지 결정하는 것까지가 메시지를 가방에 담아 주고받는 방법입니다. 연락이란 제대로 갔는지, 제대로 받았는지 그리고 그다음에 어떻게 연결의 끈을 이어갈지 생각하고 실행하는 겁니다. 그래서 연락은 다음을 기약하는 업무 습관이기도 합니다.

기대와 설렘으로 가득한 반년 차 신입

Q. _____

지금 다니는 회사는 사내 분위기도 좋고, 회사가 추구하는 방향도 저와 잘 맞습니다. 하지만 나름대로 고스펙을 쌓은 저에게 매일 자료 수집이나 파일 정리같은 허드렛일만 시킵니다. 얼른 저만의 프로젝트를 맡고 싶은데 언제까지 이렇게 버텨야 하나요?

A. _____

〈악마는 프라다를 입는다〉의 주인공 앤디는 패션지 편집장의 비서로 들어가지만, 하는 일은 라테가 식기 전에 사 오고 전화가 한 번 울리면 바로 받고 에르메스에서 스카프를 25개 찾아오는 것 정도입니다. 그러나 앤디는 아주 현명하게 미란다 편집장의 열정과 경험을 조금씩 흡수하며 자신의 역량을 키워갑니다. 어떻게 그런 일이 가능했을까요?

저는 직장생활을 하면서 작은 일을 못하는 사람은 큰 일도 못한다는 걸 알았습니다. 작은 일을 하면서 주변을 살펴야 큰 일도 잘 해낼 수 있죠. 내가 속해 있는 환경과 나는 분리되어있지 않습니다. 환경 속에서 개인은 커가고 배워갑니다. 잘되는 식당 앞에서 기다리면서 이 식당은 왜 손님이 많은지 곁눈으로 볼 수 있지 않나요? 작은 일을 하며 회사 일을 파악하고, 일 잘하는 선배가 어떻게 일하는지 살피세요. 지금은 그래야만 하는 기간입니다.

인내심과 호기심을 가지고 회사를 다니세요. 그러면서 나의 이익과 회사의 이익을 일치시키세요. 회사와 내가 윈윈하는 방향을 조금씩 잡아가세요. 절대 스스로를 몰아붙이거나 환경을 급격히 바꾸려 하지 마세요. 큰 배는 방향 전환을 급격히 하지 않습니다. 천천히 1도씩 돕니다. 지루함을 견디면서 배우고 성장하시길 바랍니다.

Plus+

피리양추皮裏陽秋라는 말을 아시나요?

피리양추는 사람의 피부 안, 즉 마음에는 모두 선악과 시비의 기준이 있다는 뜻입니다. 즉 입 밖에 내지 않지만 모든 사람이 나름의 속셈과 분별력이 있다는 의미죠. 직장생활은 나를 위해 해야 합니다. 그 속에서 나의 이익이 무엇인지 아는 것이야말로 정체성입니다. 나를 위해 일하는 것은 옳고 그름의 문제가 아닙니다. 당연한 겁니다. 저는 지금 이 시각에도 "저는 망치고 싶지 않아요, 제가 할 수 있는 게 뭔지 알고 싶어요"라는 앤디의 말로 후배분들을 응원합니다. 조급하게 밀어붙이지 말고 천천히 배워서 내 이익을 위해 일하세요.

part 5

생존력 :

나의 삶, 나의 꿈, 나의 일

1
시간을 쪼개서라도
멋있어야 하는 이유

한때 '매력 자본'이란 말이 유행한 적이 있습니다. 외모지상주의는 여전히 유효합니다. 그리고 생산성과 외모의 상관관계를 생각해볼 수 있는 이론도 있지요. 뷰티 프리미엄은 하버드 대학의 마커스 모비우스Markus Mobius와 웨슬리안 대학교의 타냐 로젠블라트Tanya Rosenblat라는 두 명의 경제학자가 실시했던 실험에서 입증된 이론입니다. 실험에 따르면 고용주는 외모가 잘생긴 직원의 생산성이 높을 거라고 생각한다고 합니다. 이왕이면 다홍치마라고, 많은 사람이 잘생긴 근로자가 일을 더 잘할 거라는 편견을 가지고 있다는 거죠. 그렇다면 직장인들은 이제부터 성형수술을 준비해야 할까요? 아닙니다, 제 생각에 직장인은 멋을 부려야 합니다.

다수의 자기계발서는 업무 능력, 화법, 업무 지식, 인문학 식견 등 내면적인 성장에 초점을 맞추고 있습니다. 일부 내용에서 자기 연출이나 외모를 가꾸는 것이 중요하다고 언급하긴 하지만 대체로 과소평가하는 경우가 많습니다. 한쪽으로 치우쳐져 있는 분위기지요. 여기서 올해 최고 인기 키워드인 워라밸을 함께 생각해보세요. 워라밸의 핵심은 밸런스balance, 균형입니다. 균형을 유지하기 위해서는 지속적인 관심과 노력이 필요합니다. 일과 삶에 균형이 필요한 것처럼 내면과 외면도 균형 있게 가꾸려는 노력이 필요합니다. 그리고 이것은 남이 아닌 나를 위한 일이기도 합니다.

초등학교 시절 엄마가 머리도 빗겨주고 옷도 단정하게 입히고 코를 닦으라고 손수건도 챙겨주었던 기억이 누구에게나 있을 겁니다. 특히 옷을 단정하게 입고 외모를 예쁘게 하는 것은 초등학교 1학년생들의 루틴이었습니다. 그런데 오히려 직장인들은 부스스한 머리로 출근을 하면서 별로 신경 쓰지 않습니다. 하지만 돈을 벌고 성과를 내야 하는 곳에 어떤 모습으로 출근하는가 하는 문제는 생각보다 중요합니다. 제가 임원으로 면접에 임할 때 면접자들의 감점 요소는 딱 한 가지, '용모의 무성의'였어요.

면접자의 첫인상만으로도 그의 마음가짐을 알 수 있습니다. 얼마나 진지하게 만날 준비를 하고 왔는지 말입니다. 마찬가지로 면접관도 정중한 차림으로 후보자를 대면해야 합니다. 와이셔츠 바람에 슬리퍼를 신고 나온 면접관이 있는 회사는 절대 가서는 안 됩니다.

변호사들이 사용하는 말 중에서 리걸 마인드legal mind라는 게 있어요. 언제든지 법적으로 사고한다는 말입니다. 이들은 유죄일까 무죄일까, 위법일까 합법일까 하는 생각을 항상 품고 있습니다. 직장인들도 멋 마인드를 항상 품고 있어야 합니다. 여기서 말하는 멋은 단순한 외모를 뜻하지 않아요. 멋 마인드란 언제 어디서나 자신이 하는 행동, 차림새, 됨됨이가 세련되고 아름다운지 살피고 노력하는 겁니다. 게다가 멋을 부리다 보면 창의성이 생기고 자신에 대해 연구하게 됩니다. 나의 행동, 차림새, 됨됨이가 어떻게 하면 멋있을까 궁리하는 거죠. 셀카를 찍을 때 자신만의 최고의 각을 찾아내듯 말입니다. 멋을 부려서 손해 보는 경우는 절대 없습니다.

제가 한 회사에서 강의를 했을 때 일입니다. 강의가 끝나자 한 분이 와서 "선생님, 제가 회사에 멋을 부리고 다니는 게 잘못인가요?" 하고 진지하게 묻더군요. 아마 주변에서 너무 멋을 부린다고 핀잔을 주었던 모양입니다. 저는 그분께 이런 답변을 드렸습니다. "멋을 내는 게 잘못된 건 아닙니다. 그런데 멋을 부리는 만큼 일도 잘해야 해요. 그래야만 업무에서 책잡히지 않으니까요."

멋 마인드가 장착됐으면 돈을 아끼며 멋 부리는 방법을 궁리해보세요. 멋 부린다고 하면 일단 돈이 많이 든다고 생각해요. 이때는 가성비 높게 관리하고 멋 부리는 방법을 적용하면 됩니다. 제 경우는 살을 빼기 위해 공원을 한 시간씩 빠른 걸음으로 걸었던 적이 있어요. 헬스클럽에 기부할 돈을 절약한 겁니다. 옷은 중저가 브랜드에서 어울리는 것을 골라도 충분합니다. 사실 옷이나 화장이 멋의 전부는 아니거든요. 고가의 명품 옷이나 물건은 일반 직장인이 착용하기에는 경제적인 부담이 큽니다. 또 명품 슈즈는 아스팔트 위를 걷는데 적합한 용도의 신발이 아니라 합리적인 선택이 되지 못합니다. 옷도 스타일도 상황과 분위기에 따라 달라져야 합니다. 명품 가방은 사람의 됨됨이까지 멋스럽게 만들지는 못합니다. 자신의 경제적인 상황에 맞는 합리적인 소비를 해야 합니다. 멋을 부리는 데 반드시 큰돈이 필요하지 않습니다. 이런저런 방법을 궁리하다 보면 분명 가성비가 확 늘어납니다.

멋은 달성 가능할 만큼만 부려야 지속 가능합니다. 식스팩은 평범한 직장인이 지속적으로 갖고 있기에는 무리가 있죠. 직

직장인의 바른 습관

장인은 근무 시간에 앉아 있는 시간이 상대적으로 긴 편입니다. 또 회식 자리에서는 술잔이 마구 공중전을 벌입니다. 회식 자리에서 술이나 음식을 조금이라도 조절하면 주변에서 온갖 '먹방 압박'이 들어옵니다. 직장인의 라이프 스타일에서는 살이 찔 수밖에 없어요. 그래서 멋의 목표를 외모에만 두면 인생이 피곤해집니다.

물론 외모도 중요하지만 멋은 복합적인 것입니다. 평소 구두를 반짝거리게 잘 닦고, 땀 냄새에 조금 신경 쓰고, 와이셔츠에 자장면 튀긴 자국만 잘 지우고 다녀도 충분히 멋집니다. 정신없이 일하는 와중에 와이셔츠가 바지 밖으로만 안 나와도 멋진 겁니다. 깔끔하고 청결한 것 자체가 멋인 거죠.

멋에는 타인에 대한 배려도 있습니다. 내가 어떻게 보이는지도 생각해야 합니다. 그러다 보면 타인의 시선에 대한 공감력도 생깁니다. 남의 시선만 의식하며 허세를 부리라는 말은 아닙니다. 그렇다고 남의 시선을 무시하거나 거스르며 살 필요도 없지 않겠어요? 내가 보여주고 싶은 대로 남들이 다 그렇게 보지는 않습니다. 직장인은 그래서 멋을 부릴 필요가 있습니다. 멋 부리기는 나다움을 소통하는 방법이 되기도 합니다. 저는 강의를 처음 시작하면서 '내가 어떻게 청중에게 보여야 하지?' 하는 고민을 많이 했습니다. 내가 보이고 싶은 모습 말고 청중이 보고 싶은 모습에 대해서요. 달성 가능한 멋의 기준을 세우세요. 그리고 나와 상대가 바라는 모습의 공통분모를 실천하면 인지 조화로 좋은 인상을 줄 수 있습니다.

우리 사회는 멋 부리는 것에 대해 오히려 역차별이 있었던 것 같아요. 너무 잘생기거나 예쁘면 얼굴값을 한다, 팔자가 사납다 등의 말이 그렇습니다. 그런데 아이러니하게도 예전부터 선비를 뽑을 때 신언서판이라 해서 신수가 훤한 것을 첫 번째 기준으로 삼았어요. 물론 절대적인 외모의 기준은 연예인이라면 모를까 직장인에게 적당하지 않습니다. 외모에는 등수나 우열이 있을 수 없어요. 하지만 멋을 부리는 습관은 1등부터 꼴등까지 있습니다. 공장 작업복도 디자이너가 멋지게 만드는 시대입니다. 내 몸값을 올리는 습관을 하나 더 추가하세요. 멋 부리며 직장생활을 하는 겁니다. 급여에는 품위 유지비, 즉 멋 부리는 비용이 포함되어 있습니다.

직장인의 바른 습관

2
남의 눈치 보지 않고
원하는 평판 획득하는 법

〈셜록〉, 〈닥터 스트레인지〉로 유명한 배우 베네딕트 컴버배치Benedict Cumberbatch는 2017년에 아내와 함께 택시를 타고 가다 강도를 목격했어요. 강도 네 명이 자전거를 타고 가던 20대 배달원을 위협하고 있었고, 이를 본 컴버배치가 택시에서 내려 강도들에게 "내버려 둬!" 하고 소리치자 강도들이 달아났습니다. 용감하게 시민을 구한 컴버배치의 일화는 택시기사에 의해 알려졌어요. 컴버배치는 당시의 상황을 묻는 언론에 "나는, 그냥 뭐, 아시다시피 그래야 하니까요."라고 대답했습니다. 영화에서 보였던 컴버배치의 정의감이 실현되자 그의 평판은 더욱 높아졌죠.

자칫 평판을 단순히 남이 나를 평가하고 판단하는 것으로 생각하기 쉬워요. 남이 나를 좋게 보면 다행이고 아니면 말고 하는 식으로요. 그런데 평판은 자신의 말과 행동으로 얼마든지 높아지거나 낮아질 수 있습니다. 프랑스 철학자 볼테르는 "사람들로 하여금 자신에 대해 좋은 말을 하게끔 만드는 단 한 가지 방법은 자신에 대해 좋게 말하는 것이다"라고 말했습니다. 내가 얼마든지 창의적으로 나의 평판을 축적하고 확산할 수 있다는 말입니다. 나의 평판 경영은 오롯이 내가 담당해야 합니다.

저는 인문, 사회, 경제 등 다양한 내용을 멀티미디어 콘텐츠로 제공하는 지식 서비스 플랫폼 SERICEO에서 '평판으로 소통하라'는 내용을 주제로 강연하고 있어요. 저는 강연에서 평판은 스스로 탄생하고 마음대로 성장하기 때문에 모든 기업이나 개인이 처음부터 적극적으로 돌보고 챙겨야 한다고 강조합니다.

여러분은 평판을 어떻게 돌보고 있나요? 누구나 처음에는 기본적인 이름만 갖습니다. 그러다 나의 이름이 주변의 객관적인 평판을 동반하고 그 평판이 명예스러워지면 명성을 갖게 됩니다. 자신의 평판은 직장생활에서 어떤 일을 시작하고 끝낼 때마다 만들어지고 축적됩니다. 또 어떤 회사에 입사해서 퇴사할 때마다 평판은 축적되고 전파됩니다. 더군다나 데이터 마이닝data mining의 발전은 개개인의 온라인 평판을 더욱 확산시키고 있어요.

미국 평판 컨설팅 기업 레퓨테이션닷컴의 설립자인 마이클 퍼틱Michael Fertik은 『디지털 평판이 부를 결정한다』(마이클 퍼틱, 데이비드 톰슨 지음, 중앙북스)에서 앞으로 방대한 양의 데이터를 수집, 저장하는 빅데이터의 시대를 지나 거대 분석big analysis의 시대로 변화할 것이라고 예측했습니다. IT 기술에 있어 저장 용량만 증가한 것이 아니라, 광맥에서 금을 찾듯 데이터를 분석하고 분류하는 능력도 발전한다는 거죠. 이미 데이터 마이닝을 기반으로 기업은 개인에 관해서도 축적된 데이터를 참고해 '평판 지수'를 매기고 있습니다.

예를 들면 기업은 직원을 채용할 때도 검색 엔진을 통해 알아낸 평판 정보를 분석하고, 이를 참조해 의사 결정을 내립니다. 데이터 마이닝을 통해 형성된 개인의 평판 지수는 새로운 신용 등급이 되었어요. 디지털 장의사라는 직업이 각광받는 이유도 아무 생각 없이 달았던 댓글, 피드 하나가 개인의 평판을 축적하기 때문입니다.

그렇다면 어떻게 나의 평판을 관리해야 할까요? 먼저 자신의 모습에서 외부에 보여주고 싶은 것을 끌어내야 합니다. 자기 안에서 보이고 싶은 모습을 찾아내는 게 먼저입니다. 자신다운 모습에서 보이고 싶은 면을 찾아야 하는 이유는, 그래야만 지속 가능하기 때문입니다. 마크 저커버그Mark Elliot Zuckerberg는 "당신이 수

년간 안정되어 있었다면 당신은 안정적이라는 평판을 얻을 것입니다. You get a reputation for stability if you are stable for years"라고 말했어요. 여기서 저커버그는 수년간 for years 을 강조하고 싶었을 겁니다. 평판이라는 것은 몇 년간 지속되지 않으면 쉽게 쌓이지 않는다는 말이죠. 내가 지속 가능하게 할 수 있어야 다른 사람도 그 측면을 평가하고 판단하기 시작한다는 겁니다.

자신의 보이고 싶은 모습을 찾았다면, 이제 보이게 말해야 합니다. 다시 말해 자신이 보이고 싶은 모습을 입체적으로 알려야 합니다. 직장의 규모에 따라 천차만별이겠지만 일상적으로 관계 맺는 사람은 많아야 30명 안팎입니다. 그들은 서로를 다면 평가와 상하 평가하면서 피드백을 주고받습니다. 결과적으로 직장인들은 몇십 명의 동료, 상사, 고객, 후배들에게 자신의 모습을 보여주기 때문에 오프라인에서의 평판 관리는 사실 그리 어렵지 않습니다. 저도 인간적으로 흠이 적지 않지만, 업무에 있어서만큼은 하나의 원칙이 있었습니다. 회사에서 법무실장으로 오랫동안 일하다 보니 특히 타 부서에서 협조 서명을 원하는 경우가 많았어요. 그때마다 세 가지를 자문했습니다. '합법적인가? 회사의 수익에 도움이 되는가? 그리고 나다운가?' 다시 말해 다시 이 문제를 만나도 동일한 의사 결정을 할 것인가 스스로 묻는 겁니다. 저는 업무에 있어서는 고집스러워도 신뢰를 주는 동료로 평판이 쌓이고 싶었기에 이런 셀프 질문을 끊임없이 했습니다. 자신이 보이고 싶은 모습이 되려면 언행일치를 악착같이 지켜야 합니다.

한편 온라인에서 자신이 원하는 평판을 찾는 것도 비슷합니다. 저는 온라인에서의 제 평판을 당시 '#신뢰'로 자리매김하고 싶었습니다. 자신의 평판을 정의하고 싶다면 우선 평판의 키워드나 해시태그를 만들면 됩니다. 방문객을 유도하기 위한 흔한 키워드도 있겠지만, 나다움Who I am을 표현하는 키워드를 해시태그로 달아보세요. 자신의 키워드를 찾는 것이 바로 평판의 출발점입니다. 평판이 기업이나 개인에게 중요해진 것은 1982년 《포춘》이라는 잡지가 존경받는 기업을 선정했고, 1998년 설립된 구글이 이들 기업의 진가를 검증할 수 있도록 검색으로 뒷받침했기 때문입니다. 《포춘》과 구글이 만나서 평판 경제reputation economy가 구축된 겁니다. 평판 경제 속에서 자신의 온라인 평판은 카페인유(카카오스토리, 페이스북, 인스타그램, 유튜브)에서 얼마든지 검색됩니다. 그래서 자신의 평판을 규정하는 키워드를 SNS에서 고집하고 이 키워드를 오프라인에서도 실천할 수 있도록 노력해야 합니다.

직장생활에서 평판은 언제 작동할까요? 이직할 때입니다. 많은 헤드헌터가 이미 평판 조회reference check 사업을 강화하고 있어요. 구직자에 대한 평판 조회도 점차 강화되는 추세입니다. 한 헤드헌터 대표에 따르면, 요즘은 채용회사에서 한 평판 조회를 못

믿어 별도의 회사로 평판을 조회하는 경우가 허다하답니다. 한 인터넷 취업 포털에서 기업 인사 담당자를 대상으로 한 설문 조사에 따르면, 대상 기업의 절반이 넘는 51.4%가 채용 시 평판 조회를 실시하고 있으며, 평판 조회 결과로 탈락한 지원자도 그중 70%가 넘는다고 합니다. 보통 평판 조회 때는 후보자를 위한 세 명의 연락처를 요구합니다. 그들이 묻는 평판으로는 인성, 대인 관계, 업무 능력, 조직 충성도, 이직 이유, 협업 능력, 도덕성, 리더십 등입니다. 그런데 의외로 가까운 사람으로부터 악평이 나오는 경우도 허다하다고 합니다. 그래서 퇴사 후에도 전 직장의 인심 관리를 잘해야 합니다. 심지어 입사 후 평판 검증 제도가 있어 조건부로 입사했다가 입사가 취소되기도 합니다.

이직할 때뿐만이 아닙니다. 한 직장에 오래 근무하다 보면 오해를 살 수도 있고 음모론에 얽혀 함정에 빠지는 경우도 있습니다. 이순신 장군도 모함으로 투옥됐는데 우리 같은 범인이야 내 뜻대로 모든 일이 될까요? 삼인성호三人成虎라는 말이 있습니다. 세 사람이 말하면 없던 호랑이도 만들어낸다는 뜻으로, 거짓말도 여럿이 하면 참말이 됩니다. 삼인성호로 인해 얼토당토않게 직장에서 위기에 빠졌을 때 평판을 잘 쌓아두면 총의總意, 즉 집단 의지가 나를 구해줄 수 있습니다. 평판은 승진할 때도 빛을 발합니다. 흔히 하는 말로 대과가 없다는 말은 평판에 크게 흠집이 없다는 겁니다. 직장생활에서 리더는 위가 만들어주는 게 아니라 아래가 만들어준다고 합니다. 내가 리더로 올라가려는 순간 후배들과 팀원들의 나에 대한 평판이 나를 끌어낼지 더 밀어줄지 결정합니다.

평판 조회에 대해 한 가지 중요한 말을 하고 싶은데요. 만약 누군가 타인의 평판에 대해 물을 경우 정말 유의해야 합니다. 사실과 다르게 말하면 자신도 모르는 사이에 적극적인 취업 방해를 한 것이 됩니다. 서면 동의 없이 평판 조회에 관여하면 개인정보 보호법에 위반될 수도 있습니다. 먼저 타인의 평판을 조회하는 기관 혹은 조회자의 신원을 분명히 확인해야 합니다. 만약 타인에 대한 평판을 말할 경우 조회 대상자의 친필 서명 동의를 확인해야 합니다. 끝으로 주관적인 시각으로 타인에 대해 시시콜콜 언급하다가는 사생활침해 등의 소지도 있으니 팩트에 근거해 신중하게 말하세요. 심판을 영어로 레퍼리referee라고 하는데, 내가 누군가에 대해 레퍼refer하게 된다면 심판처럼 공정하고 투명해야 합니다.

워런 버핏은 평판에 대해 "평판을 쌓는 데는 20년이 걸리지만, 그것을 망치는 데는 5분이면 족하다. 평판의 중요성에 대해 안다면, 당신은 다르게 일할 것입니다"라고 말했어요. 언제나 나의 평판을 생각하고 행동하는 습관이 체화돼야 합니다. '《뉴욕타

임스》의 룰'처럼 말이죠. 내일 아침《뉴욕타임스》1면에 오늘 내가 한 일이 나오더라도 나다웠는지, 내가 만들고 싶은 내 평판인지 그리고 적어도 그 행동에 후회하지 않는지 늘 염두에 두고 일하고 말하기 바랍니다.

3
이익의 접점을 찾아라
회사와 나의 줄다리기

앞서 말한 상담의 가장 바람직하고 이상적인 지향점은 윈윈win-win입니다. 모든 비즈니스에서 상호 이익을 염두에 두고 상담해야 한다는 말입니다. 사람의 마음속에는 제각각 이익과 속셈이 있습니다. 반대로 제각각 생각하는 불이익도 있어요. 제가 직장에 다닐 때 직속 상사에게 다른 자리로 옮기고 싶은데 어떻게 생각하시냐며 상담을 한 적이 있어요. 그분은 한참을 생각하더니 그냥 지금 있는 자리에 있는 게 좋을 것 같다고 말하더군요.

그래서 옳고 그른 것을 떠나서 자리 이동을 하지 않았는데.

나중에 그분이 퇴직하면서 사실은 내가 편하게 자네하고 일하고 싶어서 그 자리에 있게 했다고 말씀하시더군요. 지금까지도 많은 생각을 하게 만드는 대답이었습니다. 내 이익 때문에 자네의 이익은 두 번째로 밀어놓고 의사 결정을 했다는 말이요. 공적인 관계에서 모든 사람의 이익이 일치하기란 쉽지 않습니다. 나는 이런 방향으로 하고 싶고, 이렇게 준비해서 발전하고 싶지만, 회사 내지는 상사의 입장에서는 다르게 생각하는 경우가 많죠.

사람들은 점점 자신의 이익에 민감해지고 있습니다. 공정한 사회에서 자신의 이익이 정당하게 보장받기를 원하는 거죠. 그러다 보면 때로는 자신만의 기준에 빠질 때도 있고요. 상대나 다른 사람의 이익을 계산하지 않아 오히려 내가 불이익을 받는 경우도 있습니다. 여럿이 모여 문제를 해결하는 상담에서는 다른 사람의 생각이나 이익도 반드시 염두에 둬야 합니다. 회사가 지향하는 것과 내가 생각하는 것이 일치하거나 상사가 원하는 것과 내가 생각하는 것이 일치할 때 가장 바람직한 협업이 일어납니다. 여기서 지향하고 생각하는 것은 물론 각자의 이익을 말합니다. 서로의 이익이 일치되어 정렬되면 자연스럽게 협업이 이뤄집니다.

상대방과 나의 이익이 다소 차이가 날 때도 있습니다. 조금 차이가 있을 때는 협업이 아니라 협상을 하게 됩니다. 서로 간의 차이를 좁히기 위해 대화를 하고 그 과정에서 이익을 맞추어갑니

직장인의 바른 습관

다. 변호사들끼리 협상이나 상담을 할 때 잘하는 것이 있습니다. 이슈를 쭉 나열하고 해결해야 하는 문제를 하나씩 지워나가는 겁니다. 바로 삭제 접근법이라 합니다. 이는 상대와 나의 이익이 조금 다를 때 할 수 있는 매우 바람직한 방법입니다.

다소간의 차이는 지워나가면서 조화시키면 됩니다. 그러나 상대와 나의 이익이 현격히 차이 나는 상황도 발생하죠. 게다가 이익의 방향이 완전히 반대인 경우에는 협업은 물론이거니와 협상도 불가능합니다. 협업은커녕 협공만 당하게 될 수도 있어요. 상대의 이익을 염두에 두고 상담한다는 게 말로는 쉬워도 정작 서로의 이익이 충돌하는 현실에서는 말도 안 되게 피곤한 일입니다. 이럴 때는 상대의 목소리에 깔린 이익이나 이유를 철저히 살펴봐야 합니다. 사건이 일어나면 경찰이 먼저 용의자의 동기를 고민하듯 말입니다. 회사나 상사가 왜 나와 다른 생각을 하는지 알아야만 협상이든 협업이든 가능하기 때문입니다.

한번은 제가 국제 협상을 하는데 노련하고 연륜이 많은 독일 변호사가 특정 조항을 반드시 삽입하기를 원했습니다. 그 회사의 역사도 오래됐지만 상대 변호사도 백전노장이었어요. 처음에는 제가 함의를 모르니 단순히 거절만 하다 상대가 왜 이 조항을 이렇게 고집할까 하고 여러 방면으로 조사를 했습니다. 그러다가 그 회사가 다른 회사와 일하면서 이 조항 때문에 크게 불이익을 당한 적이 있다는 사실을 알았습니다. 집에 불이 한번 나면 이사 갈 때 소화기부터 챙기는 경우와 같았죠. 이유를 알고 나니 그에 따른 대처 방법도 찾을 수 있더군요.

어떤 상황에서도 접점은 있습니다. 회사나 상사가 원하는 것에 맞추는 게 지금 당장은 쉬울 수 있지만, 그러다 보면 결정적 인 약점, 즉 지속 가능하지 않다는 문제가 뒤따릅니다. 그래서 상 대와 나의 이익이 다를 경우는 분별력을 발휘해 협상하거나 지 속하기 어렵다는 점을 제시하고 바람직한 접점을 찾아야 합니다. 물론 이때는 입장이 동등하지 않다는 현실적인 문제도 있겠죠. 그러나 직장생활은 내가 오래 가는 것이 최선입니다. 내가 오래 갈 수 있는 상황을 만들기 위해 끝까지 어필하세요.

아메리카노는 에스프레소와 뜨거운 물이 섞이면서 만들어 집니다. 상담을 이 커피에 비유해 볼 수 있을 것 같습니다. 서로 의 이익은 은은한 향을 내는 따뜻한 커피처럼 조화롭게 모일 수 있습니다. 내가 지속적으로 지키기 어려운 것을 약속하는 것은 언제나 최악의 결정입니다. 내 이익을 지키고 싶다면 상대의 이 익 또한 계속 지킬 수 있는지 자문해보세요. 그리고 그 방법을 찾 기 위해 상담하세요.

4

헤드헌터도 내 편으로 만드는
이직 전략

    거의 대부분의 직장인이 뾰족한 대안이 없기 때문에 오늘도 전철에 몸을 맡깁니다. 그 얼굴이 그 얼굴, 그 일이 그 일, 그 말이 그 말인, 매일같이 똑같은 일상이 반복되는 영화 〈사랑의 블랙홀〉처럼 오늘도 하루를 보냅니다. 그렇게 싫으면 그만두면 되지 않냐고요? 그게 어디 내가 결정할 문제인가요? 카드회사에서 결정할 문제죠. 매달 텅장(월급이 통장으로 들어오지만, 순식간에 빠져나가 텅 비는 상황)을 보며 '그나마 여기라도 다니는 게 어디냐!' 했다가도, '그래도 좋은 데가 있다면 언제라도 떠날 수 있겠지?' 하고 스스로를 위안하며 부조화의 진통 속에 매일 출근합니다.

그러다 갑자기 플랜 B가 생기면 직장인에게는 한 줄기 서광이 보입니다. 인생의 선택지가 넓어지는 겁니다. 제가 아는 유명한 PD의 일화입니다. 그는 대학교수 제안을 받고 고민하고 있었습니다. 그러다 근무 시간에 담배를 피우고 왔는데 상사가 왜 자리를 비웠냐고 질책하기에 즉시 퇴직했다고 합니다. 상사의 한마디가 이직의 트리거가 된 것이죠. 이렇게 이직은 몇 가지 모멘텀으로 시작됩니다.

이직하기 전에 먼저 퇴사하는 경우를 생각해볼까요? 도저히 직장을 다닐 수가 없어 자발적으로 사직하거나 구조 조정 등 타의로 사직하거나 둘 중 하나입니다. 자의로 퇴직했다면 입사할 회사를 고르게 마련입니다. 적어도 이전보다는 나은 직장better than before을 찾습니다. '사자는 배가 고파도 풀은 먹는 게 아니야' 하면서 더 좋은 직장을 찾을 때까지 퇴직금을 살라미처럼 쪼개며 지냅니다. 반면 타의에 의한 사직은 잘릴 때도 경황이 없는 터라 새 직장을 구하는 것도 대체로 경황이 없습니다. 내 수입과 일상의 연속성에 초점을 맞추기 때문에 지금 찬밥 더운밥 가릴 처지가 아니라서 햇반이 있으면 생으로라도 먹을 판입니다. 그래서 수입이 연장되는 것에 초점을 맞춥니다.

하지만 어떤 경우든 초조하고 절박한 건 매한가지죠. 그래서 가능하면 퇴사와 이직의 순서를 바꾸길 권합니다. 본래 이직

직장인의 바른 습관

이라는 말에는 취직하고 퇴사한다는 뜻이 있습니다. 그러니 퇴사하고 취직하지 말고 취직하고 퇴사하세요. 이직하는 방법에는 보통 세 가지가 있습니다. 지인 소개, 경력공채 그리고 헤드헌터의 도움을 받는 겁니다. 지인의 소개는 그나마 무난하게 이직하는 방법입니다. 다만, 연봉 등의 처우는 세게 제안하지 못하는 단점이 있고요.

경력공채는 치열한 경쟁을 뚫어야 하고 예외적인 경우가 아니면 직급, 연봉 등이 이미 모집 단계에서 특정되어 있죠. 그러나 비교적 연봉, 직급, 처우 등에 대해서 솔직하게 말할 수 있는 장점이 있습니다. 상대적으로 경쟁률이 낮은 경우는 헤드헌터를 통한 이직인데요, 저는 '프로이직러'라고 할 만큼 이직을 해봤고, 헤드헌터를 통한 이직도 해봤습니다. 당시 헤드헌터는 제가 원하는 부분을 저 대신 말해주었고, 모든 문제를 알아서 처리해주더군요. 덕분에 새로운 회사에 취직하고 다니던 회사를 퇴사할 수 있었습니다.

헤드헌터의 전화나 메일은 언제나 갑작스럽죠. 저는 이런 전화도 받아본 적이 있어요. 헤드헌터가 사무실로 전화해서 그냥 들으면서 '네', '아니요'로만 답해달라고 했습니다. 무슨 취조도 아닌데 말입니다. 어쨌든 헤드헌터의 전화를 받고 나면 부쩍 어깨에 힘이 들어갑니다. 자신의 존재감이 확인되면서 내가 직장생활을 허투루 한 게 아님을 느끼죠. 또 먼저 연락을 받았기 때문에 내가 업돼서 거래를 시작합니다. 헤드헌터가 귀인이나 은인처럼 보이기도 합니다. 또 회식 자리나 상사, 동료 앞에서 헤드헌터로부터 오퍼를 받았다고 은근히 자랑도 하죠. 저도 어린 시절에는 그랬습니다.

헤드헌터의 연락을 받은 후보자가 보이는 반응은 대개 세 가지 정도가 있습니다. 첫 번째는 기쁘지만 심드렁하게 대꾸하며 조금 시간을 벌고 고민하는 스타일이 있고요. 두 번째는 단호하게 그럴 생각이 없다고 잘라 말하죠. 다니는 직장에 소문이 나거나 지금 직장에 만족하거나 해서요. 세 번째는 빛의 속도로 헤드헌터의 메일 주소를 받아서 이력서를 보내줍니다. 당신이 헤드헌터를 통해 이직하고 싶다면 어떤 태도를 보이는 게 좋을까요? 24년 직장 선배인 제가 봉인 해제하고 비밀을 공유하겠습니다.

먼저 이직하고 싶다고 헤드헌터들에게 마구 이력서를 내는 것은 자신의 몸값을 떨어뜨리는 행동입니다. 여러 부동산에 집을 내놓는다고 집이 팔리는 것도 아니며 그러다 오히려 집값만 떨어지기도 하거든요. 오히려 그럴 시간에 이력서를 정교하게 업데이트해놓으세요. 서구식 이력서, 한국식 이력서, 경력 위주의 이력서, 성과 위주의 이력서, 서구식 커버레터, 한국식 자기소개서 등 이력서 버전만 해도 무척 다양합니다.

헤드헌터 회사도 금융업, IT, 외국계 회사 등의 전문 분야가 있으며 규모도 천차만별이니, 이제 이력서를 두세 군데만 잘 선별해서 보내는 걸로 충분합니다. 제 마지막 이직은 아주 오래전에 이름을 넣어두었던 헤드헌터 회사가 데이터베이스에서 저를 찾아 이루어졌습니다. 접촉 빈도가 높아지면 값이 떨어집니다. 일단 등록하면 헤드헌터 회사는 웬만해서는 지우지 않으니 조급해하지 말고 기다리세요. 적당한 포지션만 있으면 어련히 알아서 연락이 옵니다.

그리고 중요한 것 한 가지, 헤드헌터를 내려봐서는 안 됩니다. 헤드헌터란 말 그대로 '머리 사냥꾼'이거든요. 그만큼 살벌하고 냉정한 직업입니다. 헤드헌터를 만나면 진심으로 사냥당하고 있다고 생각하고 진정성 있게 대하세요. 내가 잘나서 연락한 게 아닌가 하는 생각도 들겠지만, 헤드헌터의 콜은 냉정하게 말하면 단순한 오퍼입니다.

물론 탐나는 후보, 꽂으면 바로 될 것 같아 공들이는 후보가 있긴 합니다. 하지만 태도가 진지하지 못하거나 내 몸값이 얼마나 되는지 간을 보는 후보자는 티가 납니다. 서로 시간 낭비하지 말고 적어도 헤드헌터에게 연락이 오면 진지하게 고민하고 시작하세요. 이건 썸이 아니라 일이잖아요.

이쯤에서 생각해보죠. 과연 헤드헌터는 누구 편일까요? 한 유명 헤드헌터가 '헤드헌터는 취직을 시켜주는 직업이 아니라 회사가 필요로 하는 사람을 구해주는 직업'이라고 말하더군요. 헤드헌터는 누구에게 돈을 받을까요? 고객인 회사로부터 받습니다. 거꾸로 말하면 결국 우리는 고객이 아니라 상품입니다. 내가 팔려야 헤드헌터는 고객으로부터 돈을 받습니다. 그런데 직장인들은 종종 이런 사실을 잊어버립니다. 자신의 입장에서는 헤드헌터가 나를 취직시키고 그 대가로 보수를 받는다고 생각합니다. 여기서 헤드헌터를 대하는 자세에 큰 차이가 나게 됩니다. 내 어깨에 힘이 들어가는 순간, 이직의 기회는 훅 멀어집니다.

헤드헌터가 내 편이 되기는 쉽지 않아요. 돈이 나오는 쪽이 결과적으로는 자기편이죠. 헤드헌터들은 회사에게 수수료를 받습니다. 내가 얼마나 재직했는지에 따라 수수료가 취소되기도 하니 취직 후에도 나의 정착을 바라고 관리합니다. 그러나 상품이 판매에 협조를 안 하면 헤드헌터로서는 오래 볼 일이 없습니다. 설사 이번 기회에는 매치가 안 되더라도 반드시 헤드헌터를 내 편으로 만드세요. 우리는 아주 좋은 상품으로 남아야 하거든요.

기회가 있다면 헤드헌터들을 가끔 만나보길 권합니다. 일이 아니어도 차 한잔하세요. 요즘 취업 시장에 관련된 내용을 비롯해 이직을 잘한 케이스, 못한 케이스 등의 이야기를 듣다 보면 현재 다니는 직장을 객관적으로 볼 수 있는 시각 등이 생깁니다. 특히 헤드헌터와 개인적으로 친해지면 직장에서의 처우 등을 상담할 수 있는 컨설턴트가 되기도 합니다. 워낙 경험이 다양하기 때문에 들어두면 약이 되는 말을 많이 해줍니다. 대화를 하다 보면 자신의 '경력 단서'를 찾아낼 수도 있습니다.

그런데 헤드헌터와 아무리 개인적으로 친해져도 자신의 단점을 굳이 말하지는 마세요. 자신도 모르게 이런저런 얘기를 하다 보면 트러블도 말할 수 있는데, 이것이 때로는 부메랑이 되어 평판으로 돌아올 수도 있습니다. 오히려 헤드헌터들과 개인적으로 만나면 자신의 계획이나 목표를 말하세요. 그렇게 상품성을 각인시킬 필요가 있어요. 절대 과거를 말하지 마세요. 미래를 말해야 합니다. 나의 이직 계획, 구직 의사, 시장 환경, 나의 장점 등을 어필하는 게 좋습니다.

끝으로 헤드헌터가 아무리 좋은 제안을 해도 직무 기술서를 보고 그 자리가 적절하지 않으면 지원하지 마세요. 밑져야 본전이 아니라 밑지면 손해이기 때문입니다. 신데렐라의 샘 많은 자매처럼 발에 맞지 않는 구두를 신으려다 망신당하고 상처 입지 마세요. 내게 딱 맞는 JD job description 인지, 그 회사에서 원하는 역할을 잘 해낼 수 있는지 신중히 판단하기 바랍니다. 나부터 자신을 귀하게 대하는 습관은 아주 중요합니다.

많은 전문가들이 지금의 Z세대는 평생 열 번 넘게 직장을 옮기거나 직업을 바꿀 거라고 예측합니다. 내 주변 사람, 특히 내게 기회를 줄 수 있는 헤드헌터와 만날 때는 강한 접점을 만들어 두세요. 내가 그들에게 진짜 고객이 되게 해주세요. 헤드헌터에게 돈은 주지 않아도 호의는 줘야 합니다.

5
면접에서 반드시 통하는
'나 제안법'

면접의 본질은 무엇일까요? 나를 제안하는 겁니다. 한 조사에 의하면 구직자가 많이 하는 거짓말이 "일만 즐겁게 할 수 있다면 연봉은 중요하지 않아요", "이 회사를 목표로 준비했기에 탈락해도 재도전할 것입니다", "너무 긴장해서 준비한 걸 다 보여드리지 못했습니다", "면접관님 인상이 좋으셔서 꼭 합격하고 싶습니다"라고 합니다. 안타까운 것은, 이런 거짓말 중에 면접관이 높은 점수를 줄 만한 게 하나도 없다는 겁니다.

모든 구직자가 설득, 호소, 심지어 읍소하기 때문에 면접관들은 이미 그런 어필에는 무감각합니다. 저는 면접도 제법 많이 봤고, 면접관도 제법 많이 했어요. 면접관의 입장에서 책상 너머로 보면 후보자의 파동은 웬만큼 강하지 않으면 전달되지 않습니다. 왜 내가 이 회사에 필요한지를 강하게 제안하세요. 즉 면접은 나와 취업하고자 하는 회사를 정렬해서 왜 나란 사람이 이 회사에 필요한지 제안하는 겁니다.

설득이나 호소가 아니라 당당하게 제안해야 합니다. 그 말이 그 말 같지만 나를 제안한다고 생각하면 훨씬 창의적이고 능동적으로 나를 보이게 말할 수 있습니다. 저는 예전에 법무팀을 신설하는 팀의 장을 뽑는 자리에 후보자로 면접을 본 적이 있어요. 합격하고 싶었습니다. 경쟁자도 있었으니 어떻게 하면 저를 잘 제안할 수 있을까 고심했고요. 경력 면접이었으니 신입 면접보다는 다소 유연하게 시간이 허락되었고, 제가 준비한 자료를 보여줄 수도 있었습니다. 그래서 저는 팀의 설계도를 준비해갔습니다. 회사에 법무팀이 만들어져야 제가 그 회사에 입사할 수 있다는 것에 초점을 맞춘 거죠. 팀은 어떻게 구성되는 것이 좋고, 몇 명의 변호사로 구성해서 무슨 업무를 담당하는 것이 좋은지 A4용지 한 장으로 자료를 준비했습니다. 팀을 구성한다면 팀장은 어떤 자격이 적절한지에 대하여도 한 장으로 준비했어요. 면접이 끝날 즈음 "저를 안 뽑아도 되지만, 이 제안서대로 팀을 꾸리는 게 좋을 것입니다"라고 말했어요. 설계도를 그려 갔으니 설계도에 그린 대로 건물을 짓기 위해서는 다시 설계사가 필요했고, 저는 그 회사에 합격했습니다.

나를 잘 제안하기 위해 선행되어야 할 것은 무엇일까요? 본인이 지원하는 회사의 업무나 역할을 잘 정의하는 것입니다. 또 그 정의에 따라 나를 정렬시키는 것이 필수입니다. 조작적 정의라는 말이 있어요. 어떤 조작을 했을 때 일정한 결과가 나온다면 그 개념은 오직 그때만 사용해야 합니다. 그래서 매번 새로운 연구에는 새로운 조작적 정의가 세워집니다. 구직을 할 때도 매번 자신과 일을 새롭게 정의해야 합니다. 회사는 도대체 어떤 인재를 원하고 어떤 일을 해내기를 원할까 정의를 해야죠. 그 근거로는 채용공고, 기업 문화, 업종, 산업 기상도, 시장 상황도 모두 포함될 수 있습니다.

한 조사에 의하면 인사 담당자들은 구직자의 치명적인 실수 세 가지로 지각, 동문서답, 기업명 잘못 답변을 들었습니다. 지각은 물리적인 것이지만 나머지는 자신이 지원하는 일에 대해 명확히 정의하고 있다면 틀리지 않습니다. 또 다른 조사에 의하면 서류전형에서 묻지마 지원자를 가려내는 기업의 기준은 '지원 직무에 대한 이해 부족', '어느 기업에 내도 무방한 자기소개서', '지원 분야의 잘못 기재', '직무와 관계없는 스펙의 기재' 등입니다. 이들의 공통점은 직무에 대한 정의를 못하거나 안 했다는 것입니다. 자신을 정의하는 것이 선행되지 않았기 때문에 직무 적합성 또한 제안하지 못한 것입니다. 나와 직무만 줄을 잘 맞춰도 절반은 성공한 것입니다.

그 자리에 가장 잘 맞는 사람을 직접 보고 찾는 것이 바로 면접입니다. 국내의 한 유수 회계법인은 신입 회계사를 뽑을 때 상식, 센스, 충성심을 보며, 그 세 가지를 갖추면 파트너가 될 수 있다고 발표했어요. 왜 그 세 가지가 필요했을까요? 제가 추측하기에는 앞으로 회계 업무는 인공지능이 상당 부분 대체할 것이며, 결국 회계사는 재무제표 등을 바탕으로 컨설팅을 하는 컨설턴트로 진화할 것입니다. 이런 이유로 문제를 대하는 상식, 센스, 그리고 고객에 대한 충성심이 필요하지 않았을까요? 이렇게 급변할 앞으로를 위해 업무를 정의하는 일은 취직 후에도 멈추지 말아야 합니다. 회사가 내게 무엇을 원하는지, 나의 역할이 무엇인지 끊임없이 자문하고 회사와 상담하며 그 정의에 따라 일하는 습관은 고성과를 내는 데 큰 도움이 됩니다.

형식미란 단어가 있어요. 예술 작품의 표현 방식에 있어 조화와 균형 등으로 이루어진 아름다움을 말합니다. 적어도 면접 때는 사람에게도 형식미가 결코 사소하지 않아요. 아주 기본적인 얘기지만 면접을 볼 때는 자신을 잘 단장해야 합니다. 송나라의 사상가 장자莊子는 '용감무쌍한 것은 하덕, 두루 많이 아는 것은 중

직장인의 바른 습관

덕, 키 크고 아름다운 것이 상덕'이라는 말을 했습니다. 불편한 진실일 수도 있지만 예나 지금이나 변하지 않는 것은 단정한 사람에 대해 갖는 좋은 심상입니다. 얼굴, 머리, 옷차림 따위만을 곱게 꾸미라는 게 아닙니다. 면접관에게 가장 먼저 보이는 비언어적 커뮤니케이션인 인상과 이미지를 단정하게 가꾸라는 말입니다. 면접 때의 단정이란 말은 '정리'라는 단어와 동의어입니다. 모든 조직은 정리되고 준비된 사람을 선호합니다. 자신의 외적 장단점을 잘 아울러 단정하게 정리하고 면접을 보길 바랍니다.

끝으로 면접을 연습 삼아 자주 보는 것에 절대 반대합니다. 첫째는 비용과 시간이 드는 만큼 효과가 없을 수 있어서입니다. 떨어진 이유를 알 수 있다면 경험을 쌓기 위해 출전하는 운동선수처럼 개선점을 찾겠지만, 면접에서 불합격한 이유는 정확하게 알기 힘듭니다. 들인 비용과 시간만큼의 피드백이 없다고 보는 것이죠. 두 번째는 자주 면접을 보고 매번 불합격하면 작은 실패를 반복하는 것이고, 그런 실패의 경험이 나 자신의 기를 죽이고 에너지를 고갈시키기 때문입니다. 단순히 경험 삼아 가지는 말라는 거죠. 굳이 갈 마음도 없는 회사에 면접을 보러 가서 불합격으로 상처받는 것은 본 게임에 나가야 할 때 어떠한 도움도 안 됩니다.

고단한 과정을 거쳐 합격하면 연봉 협상이 시작됩니다. 입사해서 퇴사할 때까지 연봉 협상은 계속될 것입니다. 연봉 협상을 잘하는 방법은 무엇일까요? 당연히 자신을 잘 거래하는 겁니다. 물론 사람인 나는 거래의 대상이 아니죠. 여기서 잘 거래해야 하는 대상은 나의 이익과 회사의 이익입니다. 원래 협상은 이익 중심의 협상이 수월합니다. 어차피 서로 원하는 것이 보이기 때문에 윈윈이니 논제로섬이니 하면서 총합을 키우려고 합니다. 영어로 네고시에이션negotiation은 라틴어 neotiari에서 비롯되었다고 합니다. 영어로는 'not leisure', 즉 여유 있게 하는 일이 아니라는 것이죠. 협상은 비즈니스고, 맞은편에 서서 하는 거래입니다. 하지만 직장인은 입사부터 매일 보는 상사나 회사와 협상을 합니다. 어제까지도 팀워크를 발휘하고 결재를 받았던 상사와 오늘 갑자기 맞은편에 서서 협상을 하기란 난감하기 이를 데 없습니다. 그래서 많은 직장인의 연봉 협상은 관계 중심의 연봉 협상입니다. 앞으로도 계속 봐야 하는 상대와 협상을 하기 때문에 신뢰나 평판에 더 신경을 씁니다. 그러다 보면 돈 얘기를 하기도 어렵고 그냥 관계나 잘 유지하자는 생각이 들게 마련입니다.

여기에는 우리나라 사람 특유의 돈에 대한 관념도 있다고 봅니다. 한국에서는 돈을 너무 밝히거나 좇으면 욕심이 많거나 제삿밥에만 관심이 많다고 보는 경향이 있습니다. 현직에서는 물론이고 이직할 때 헤드헌터가 중간에 끼어 있어도 잘못 협상하면

직장인의 바른 습관

입사 전부터 탐욕스럽다는 소문이 돌아 난감할 수도 있죠. 때로는 연봉 협상에 성공해 이직했는데 새로 들어간 회사에 대한 채무감을 이기지 못해 조기 사직하는 경우도 있더군요.

그럼 돈 얘기는 어떻게 하면 좋을까요? 사실 연봉 협상은 면접과 무척 비슷합니다. 지금까지 잘해왔고 앞으로도 잘할 테니 입사시켜달라는 말이나 월급을 인상해달라는 말은 맥락이 비슷합니다. 면접위원이 모든 자료를 가지고 면접하듯 연봉 협상에서도 회사가 이런저런 평가를 종합해서 금액을 딱 책정해놓거든요. 그러니까 준비를 해야 합니다. 자신의 성과를 세 가지로 요약해서 10분 동안 강하게 어필해 보세요. 당신의 성과를 보이게 말하는 것이죠. 연봉은 준비한 만큼 협상이 됩니다. 운동선수들이 좋은 기록이 있기에 고액의 연봉을 요구할 수 있는 것처럼 말입니다. 나의 기록을 설명하고 나면 원하는 것이 무엇인지 정확히 말해야 합니다. 협상의 목적이 숫자만은 아닐 수도 있습니다. 돈이 전부가 아니라면, 다른 무엇으로 보상받고 싶은지 정확하게 표현하세요.

어릴 때 읽은 동화 내용에 세 가지 소원을 들어주는 요술 램프가 있었습니다. 당신도 요술 램프가 있으면 무슨 소원을 빌었을까 생각해본 적이 있나요? 직장인도 세 가지 소원이 있어야 합니다. 그것을 미리 생각해두고 그 소원이 왜 필요한지, 회사에 어떤 도움이 되는지, 회사가 받아들일 만한지 등을 준비하세요. 이 참에 회사에 요청하고 싶은 것도 종이에 써보세요. 연봉 협상에 더해 보상 협상까지 한다는 생각으로 말이죠. 연봉에는 다양한 창의적 대안이 있을 수 있습니다. 단순히 연봉만, 월급만, 보너스만 거래하지 마세요. 돈만 생각하면 가격 흥정과 다를 바 없습니다. 내가 원하는 부서로 이동시켜준다든지, 내가 원하는 업무를 맡겨준다든지, 나와 함께 일할 신입 직원을 충원해준다든지, 내가 원하는 교육을 장기간 보내준다든지, 나에게 안식월을 준다든지 하는 갖가지 대안을 제시해보시기 바랍니다.

반드시 기억해야 할 것은 회사 측에서도 협상을 하러 들어온다는 사실입니다. 회사도 자료를 준비하고 원하는 목록을 준비해올 겁니다. 내가 잘한 것, 내가 원하는 것뿐만 아니라 회사가 내게 해주고 내게 원하는 것에도 대응해야 합니다. 서로의 이익을 분석하고 들어가는 게 협상의 기본입니다. 손자병법에 가장 많이 나오는 한자는 알 지知입니다. 회사를 잘 알고 나를 잘 안다면 면접도, 연봉 협상도 결코 어렵지 않습니다. 주고받는 것은 면접이나 협상이나 매한가지니까요.

6

내 안에 365명의
열정적인 직원이 준비되어 있는가

'지금처럼 매일 똑같은 일을 하며 살 수는 없어!' 오늘도 김 대리는 언젠가 자신이 설립할 멋진 스타트업을 상상하며 전철에 몸을 싣습니다. 장밋빛 미래를 꿈꾸며 오늘도 회사에 출근하죠. 그날 저녁, 김 대리는 몇몇 부서 사람들과 함께 퇴직한 상사가 개업했다는 작은 프랜차이즈 식당을 찾아갔습니다. 직장을 다닐 때와 달리 왠지 모르게 초췌해 보이는 상사의 모습에서 그는 순간 묘한 기분에 사로잡혔습니다. 그는 '어끝치(어차피 끝에는 치킨집)'라는 자조적인 말을 되뇌며 오늘도 스타트업의 꿈을 살짝 미뤄둡니다.

직장인에게는 언젠가 회사 사원증을 반납해야 하는 종착역이 기다리고 있습니다. 그러나 회사에 다니면서 퇴사를 대비한다는 건 사실 불가능한 일에 가깝습니다. 회사는 회사대로 당신이 최선의 태도로 최고의 성과를 내기를 바라거든요. 그래도 규모에서 차이만 있을 뿐, 100세 시대를 살아가는 직장인의 마지막은 '자기 일'입니다. 만약 창업을 꿈꾼다면 먼저 1인 기업을 준비해보길 권합니다. 내가 잘하는 것이 무엇이고, 사람들에게 나를 어떻게 인식시켜서 내가 어떻게 평가받을 것인가를 전략적으로 실행하는 것을 퍼스널 브랜딩personal branding이라고 합니다. 그런데 그 퍼스널 브랜딩이라는 것이 1인 기업과 흡사합니다. 1인 기업과 차이가 있다면 시장만 다릅니다. 회사에 다닐 때는 시장이 회사 안이고, 1인 기업을 한다면 업계가 시장이 되겠죠. 따라서 1인 기업을 구상해본다면 사내에서의 퍼스널 브랜딩에도 큰 도움이 됩니다.

왜 '프리 워커free worker'라는 단어로 포장되면서 1인 기업, 특히 1인 지식근로자들이 부쩍 많아지고 있을까요? 디지털 환경과 사회적 분위기 그리고 길어진 수명 덕분이죠. 먼저 디지털 환경은 전통적인 공장도 스마트 팩토리로 탈바꿈시킬 만큼 빠르게 발전하고 있어요. 디지털 노마드로서 1인 기업가는 엄청나게 발전한 작업 환경을 이미 보유하게 되었죠. 또 1인 기업가는 자유롭게 살면서 돈도 버는 로맨틱한 캐릭터로 선망의 대상이 되기도 합니다. 파워블로거나 유튜버, 크리에이터들은 홀로 콘텐츠를 짜고 글을 올리고 편집까지 다 해서 수십억의 수입을 올리고 있다며 직장인들에게 무한 로망을 심어주고 있습니다. 그러니 샐러리맨이 돈과 시간이 풍족해지고 자유까지 누릴 수 있는 1인 기업가를 꿈꾸는 것은 당연하죠.

무엇보다 100세 시대를 맞이해 긴 생애를 워라밸과 욜로를 실천하며 살고 싶어 하는 사람이 많아지면서, 또 무슨 일을 하든 즐겁게 하자는 가치관을 가진 사람이 많아지면서 1인 기업가에 대한 열망이 강해지고 있는 것 같습니다. 저도 회사 다닐 때 카페에서 노트북을 놓고 무언가 열심히 그러나 여유 있게 일하는 이들을 보면 참 부러웠습니다. 왠지 그들은 SNS 마케팅 전문가로 고부가가치의 컨설팅을 해주며 짧은 시간 안에 고액의 수입을 올릴 것 같았고, 그래서 그들의 자유와 여유가 부러웠습니다.

하지만 막상 1인 기업가로 활동하는 주변 사람들을 보면 참 쉽지 않다는 것을 알 수 있어요. 먼저 1인 기업가라 해서 모두 멋지고 로맨틱한 일로 덕업일치를 하는 게 아닙니다(사회적으로 종종 비난받는 파파라치들도 1인 기업가입니다). 지금 이 순간에도 무수히 많은 분이 대표님이라는 호칭으로 불리며 다음 달 생활비를 걱정하고 있습니다. 그래서 직장인들에게 창업, 특히 1인 기업 창업에 대해 제가 아는 한 진솔하게 말하고 싶습니다.

　우선 1인 기업가가 되기 전에 먼저 마음으로 준비해야 하는 것이 있습니다. 첫째, 무수한 거절을 견뎌내야 합니다. 언제든지, 누구에게든지, 일이든, 인간관계든 거절당할 수 있다는 사실을 반드시 마음에 새겨야 합니다. 로버트 드 니로는 뉴욕대 졸업식에서 "언제나 거절을 당할 것이다. 그러나 그 뒤에는 기회가 기다리고 있다"는 축사를 했습니다. 그래서 1인 기업을 하고 싶다면 언제나 누구에게나 거절당해도 버틸 수 있는 내공을 길러야 합니다. 내공은 칼로 벤 상처를 티 내지 않고 속으로 자가 치유하는 힘을 말합니다.

　둘째, 어떤 분야라도 들어서는 순간 초보자로서 시간이 걸린다는 상식을 진심으로 인정해야 합니다. 여러분이 관심 분야에 가보면 이미 그 분야의 전문가, 실력자 그리고 오래 일한 분이 바글바글합니다. 스펙이 꽤 좋은 저도 실제 1인 기업으로 강의를 시작했을 때는 다시 걸음마부터 배웠습니다. 1인 기업가로서의 특진이 회사에서의 특진보다 몇 배는 더 어렵게 느껴졌죠.

　회사에 다닐 때는 달랑 명함 한 장 같아도 거기에는 사무실 번호, 주소, 회사명이 있습니다. 그런데 내가 1인 기업가가 되고 나면 내 번호, 내 주소, 내 회사명을 넣어야 합니다. 거기부터 대략난감이 시작되죠. 회사 이름과 번호는 넣어도 실제 사업장 주소는 어떻게 할까요? 그래서 요즘 유행인 공유 오피스를 찾게 됩니다. 이런 과정을 거치는 1인 기업가에게는 성공 이전에 정체성이 자리 잡는 시간이 필요합니다. 특히 1인 기업을 했을 때 주변에서 "회사나 잘 다니지! 이게 나와서 뭐 하는 짓이냐?" 등의 말을 들을 때마다 무너지는 자기 정체성을 다시 세우셔야 합니다. 다시 시작한다는 마음, 그리고 나의 흔들리지 않는 정체성이 필요합니다.

셋째, 1인 기업가는 다시 조직으로 들어가기가 무척 어렵습니다. 그래서 선택에 무척 신중해야 합니다. 4차 산업혁명에서 무수한 사업 기회가 만들어지고 있고, 그 안에서 디지털 환경으로 성공한 1인 기업가들이 신화를 창조하고 있는 것은 사실입니다. 그래서 1인 기업가들은 디지털 환경에 최적화되는 경향이 있습니다. 그런데 직장생활은 일반적으로 아날로그적인 측면이 강합니다. 아침에 출근해야 하고 얼굴을 보여야 하고 말을 해야 하고 같이 밥을 먹어야 하고, 심지어 퇴근도 같이 해야 합니다. 1인 기업가가 되어 디지털로 최적화되어갈수록 아날로그로 돌아가기 어려우므로 '하다 말 수도 있지' 하는 생각을 한다면 이미 출발부터 틀린 겁니다.

다시 말해 애초에 시작부터 '남들도 다 하는데 나도 해볼까?'라는 생각으로 들어오면 절대 안 됩니다. 당찬 각오로 1인 기업으로 들어오는 마인드 셋이 되어 있어야 합니다. 출발부터 배수진을 치고 온 열정을 쏟는다고 생각해야 합니다. 요즘 후배 가운데 스펙을 위해 급히 자기 사업을 창업하고 폐업한 다음 이를 자소서에 자랑스럽게 쓰는 모습을 본 적 있습니다. 실제 면접에 가서 설명을 아주 잘하지 않는 한 좋게 보이기 어렵습니다.

마인드가 장착되었다면 이제 1인 기업가로서의 준비를 해야겠죠. 첫째, 내가 팔고 싶은 것 중에 남이 사주는 것을 내 제품으로 선택합니다. 시장을 내가 창조할 수 있다면 더없이 좋겠지만, 대부분 이미 있는 시장 혹은 성장해 있는 시장으로 내가 진입해야 합니다. 그러려면 나의 정수精髓를 뽑아내서 시장에 내놓아야 합니다. 만들면 제품이고 팔려야 상품인 것입니다.

회사가 주는 월급은 내 '시간값'입니다. 월급은 내가 회사에 있거나 일을 하는 시간과 맞바꾸고 있는 겁니다. 다만 그 시간이 생산적인가 혹은 사람들과 어떻게 보내고 있는가의 차이입니다. 그런데 이 시간값을 1인 기업가가 되면 '성과값'으로 바꿔야 합니다. 1인 기업의 고객은 얼마나 내 시간을 잡아먹었는지는 관심이 없습니다. 예를 들면, 열심히 작업하다 컴퓨터에서 자료가 날아가면 회사 같으면 그 시간도 심정적으로라도 가치를 매겨줍니다. 그러나 1인 기업가는 작업이 날아가면 그건 그냥 불운한 것입니다.

1인 기업가는 성과에 따라 값이 매겨집니다. 그래서 시간값이 아닌 성과값으로 월급을 받기 위해서는 남이 특별히 사주는 나의 상품으로 1인 기업을 창업해야 합니다. 선택은 내가 하는 것이 아닙니다. 고객과 시장이 하는 것입니다. 고객과 시장은 오직 나의 성과에만 관심이 있습니다. 그래서 애초부터 재능이 있고 흥미가 있고 그래서 차별점이 있는 상품을 내 사업 아이템으로 생각해야 합니다. 잘하는 것은 생업이고 좋아하는 것은 취미입니다. 잘하면서 좋아하는데 남이 사주는 그것이 바로 나의 상품입니다.

많은 1인 기업가들이 자신이 좋아하는 일을 하고 싶어 사업을 시작합니다. 저도 그랬고요. 저는 회사를 24년 다니면서 언젠가는 강의를 하고 책을 내고 사회적으로 후배 직장인들에게 선한 영향력을 끼치고 싶다고 생각해왔습니다. 그러던 중 한 유명 출판사와 2016년 3월 중순 출판 계약을 했고, 그때부터 제 꿈이 한 발짝 다가오는 현실을 만났습니다. 제가 꿈꿔온 책 출판이 현실화하고 나니 하루라도 빨리 꿈을 실현하고 싶었어요. 결국 출판 계약을 하고 나서 2주 후인 3월 말 임원으로서 3년을 꽉 채운 회사에 사표를 내고 책을 집필하기 시작했습니다. 이렇게 자신이 원했던 일이 현실화되면 그 추진력은 말할 수 없이 증폭됩니다. 그러니 창업을 생각한다면 내가 꿈꿔온 일 중에 내게 엄지 척을 해 보일 만한 주력 상품이 무엇인지 한번 생각해보기 바랍니다.

최근에 마블과 DC코믹스의 영웅 백과사전을 보았는데, 그렇게 영웅이 많은지 몰랐습니다. 하지만 결국 저스티스 리그나 어벤저스에서 살아남은 히어로는 몇 명 안 됩니다. 이미 개인적인 캐릭터와 그 배경 스토리에서부터 차이가 있고, 그걸 마니아들이 주목하면서 더욱 그 캐릭터가 진화하고 역사가 쌓이면서 생존해온 것이죠. 저는 슈퍼맨도 결국 독자들이 키워준 것임을 느끼면서 1인 기업가도 히어로만큼 아주 치열한 생존경쟁을 겪으면서 살아남게 될 거라고 생각했어요.

그렇다면 남들이 사줄 만한 나의 상품은 어떻게 알 수 있을까요? 첫째, 투잡이나 알바를 통해 알 수 있습니다. 저는 권하지는 않지만, 가끔 경제적 이유로 어쩔 수 없이 투잡을 하는 직장인을 봅니다. 혹은 주 52시간 근무제 도입 후 여유 시간에 재능기부 차원에서 알바를 하기도 해요. 그런데 투잡을 하다가 세컨드 잡 second job이 퍼스트 잡 first job이 되는 사례도 있습니다. 부업으로 시작했는데 이 일이 자신에게 맞는 것을 알게 되는 경우죠. 그런데 이런 경우 완전히 생계를 걸고 하는 게 아니므로 자칫 착시현상이

직장인의 바른 습관

생길 수 있습니다. 그저 그런 정도인데 마치 주특기처럼 보여 시행착오를 겪을 수도 있죠.

다음은 마스터, 즉 대가를 통해 알게 되기도 합니다. 자신은 잘 몰랐는데 어떤 분야든 대가이거나 정상에 선 분들의 조언이 새 출발의 계기가 되는 경우도 종종 있습니다. 또 막상 일을 시작하면 그분들이 강력한 후원자가 되는 경우가 종종 있어요. 내 상품이 막연하다면 주변의 대가에게 상담하는 것도 방법입니다. 물론 회사나 열심히 다니라는 답변이 돌아올 수도 있습니다.

끝으로 업무를 통해 알게 되는 경우입니다. 이런 경우가 개인적으로는 가장 바람직하다고 생각됩니다. 일하던 중 자신의 핵심 역량을 알아낸다면 시행착오도 줄일 수 있고, 이미 확보된 역량이나 인맥으로 연착륙할 수 있습니다. 그래서 아이러니하게도 1인 기업가로 독립한 이들 중에는 결과적으로 회사가 업무를 통해 독립시켜준 이들이 꽤 있습니다. 혹시 1인 기업가를 꿈꾼다면 지금 하고 있거나 지난 시절 회사에서 해왔던 일을 한번 되돌아보기 바랍니다.

저는 1인 기업 CEO로서 사업은 멋이 아닌 업業으로 해야 한다고 생각합니다. 제가 생각하는 1인 기업의 성공 조건은 남을 통해 알게 된 나의 상품을 강력하게 지속해서 팔 수 있어야 한다는 것입니다. 그러려면 이미 나의 제품은 시장에서 팔릴 만큼 정련

精練되어 있어야 하고, 정신적으로는 정체성으로 무장되어 있어야 하며, 신체적으로는 무척 건강해야 합니다.

혹시 창업을 꿈꾼다면 직원부터 뽑으세요. 1년 내내 오늘의 나처럼 일해줄 365명의 직원을 마음속에서 길러내는 겁니다. 그들은 건강하고 업을 잘 알고 열정적이어야 하며 주인의식이 있어야 합니다. 창업하기 전 이 세 가지를 자기 자신에게 질문해보세요. 역경을 이겨낼 각오를 하고 있나요? 나만의 상품을 찾아냈나요? 그리고, 열정적으로 월급도 안 받고 일할 수 있는 365명의 에너자이저가 준비되어 있나요?

별그램과 얼굴책의 팔로워를 늘리고 싶은
3년 차 직장인

Q.
제 일과 관련된 내용을 SNS에 업로드하고 있습니다. 팔로워도 순조롭게 늘고 있고요. 그런데 얼마 전 얼굴책 친구를 우연히 만났는데, 한참 어색해하다가 '얼굴책에서 보자!'하고 말았습니다. 그분과 저는 그저 댓글로만 소통하는 사이인 건가요? 저는 어떻게 인간관계를 넓힐 수 있을까요?

A.
불가근불가원不可近不可遠이라는 말을 아세요? 멀리할 수도 가까이할 수도 없는 사이를 말하는데, 예전에는 좋지 않은 의미로 쓰였습니다. 그런데 요즘은 이 말이 인간관계의 대세입니다. 다만 표현만 고슴도치 거리로 바뀌었죠.
요즘은 SNS 친구를 네트워킹이라고 생각하는 직장인이 많은데, 저는 그것이 진짜 인맥은 아니라고 봅니다. 그러면 진짜 인맥 관리, 네트워킹은 어떻게 해야 할까요?

첫째, 오프라인에서 살아 숨 쉬는 맥, 그게 진정한 인맥입니다. 직장인의 인맥 관리는 대면과 관계에 바탕을 둡니다. 고슴도치가 되어서 가까이

가면 찔릴까 봐 일정한 거리만 유지해서는 인맥을 만들 수 없습니다. 관계 속으로 뛰어 들어가야 합니다. 스마트폰에 맥을 의존해선 안 됩니다.

둘째, 인맥은 다양성과 깊이를 생각하고 만들어가는 게 좋습니다. 미국 《사이언스》에 실린 '네트워크 다양성 및 경제적 발전'에 관한 기사를 보면 부유한 사람은 연락처가 적더라도 각계각층의 다양한 사람과 연락을 한다고 합니다. 제가 이 책에서 다른 업종, 다른 회사, 다른 산업에 종사하는 분을 외계인이라 부르며 그런 외계인을 만나라고 조언하는 이유도 다양함이 현대 인맥 관리의 키포인트이기 때문입니다.

셋째, 인맥을 만들고 싶다면 상대에게 먼저 주세요. 순서가 중요합니다. 기브give가 먼저고 그다음이 테이크take입니다. 그리고 기브와 테이크 사이에 간격이 존재해야 합니다. 주자마자 받으려고 해서는 안 됩니다. 상대의 마음속에 내 호의가 저장되고 정제되고 그게 다시 보답으로 돌아오게 되는 거죠.

내 뇌가 감당할 수 있는 친구의 수는?

통계에 의하면, SNS를 네크워킹을 위해 사용하는 비율이 84% 에 이른다고 합니다. 그런데 SNS만 잘한다고 네트워킹, 인맥 관리가 잘될까요? 옥스퍼드 대학교 로빈 던바^{Robin Dunbar} 교수가 발표한 던바의 수^{Dunbar's Number}에 따르면, 인간에게 적정한 친구 의 수는 대뇌의 크기로 볼 때 150명이 최대치라고 해요. 그러 니 수백 명의 SNS 친구는 어차피 내 뇌가 감당하지도 못합니 다. 그렇다면 수많은 네트워크 중 어떤 인맥을 기억에 남겨야 할까요? 기본적으로 자신이 생각하는 친구나 인맥의 기준이 있 어야 합니다. 『미움받을 용기』(기시미 이치로, 고가 후미타케 지 음, 인플루엔셜) 를 쓴 기사미 이치로^{岸見 一郎}는 대화가 통하면서 도 자기 자신에게 약간의 승부욕을 자극하는 사람을 친구의 기 준으로 소개했다고 합니다. 여러분도 자신만의 기준을 한번 만 들어보세요.

일하고 사랑하라, 사랑하고 일하라

12년차 직장인이었던 저는 어느 날 문득 '내가 꼭 이렇게까지 하면서 살아야 하나'라는 생각을 하게 되었습니다. 전날의 새벽까지 이어진 회식에 겨우 서너 시간 눈 붙이고 일어나, 샤워기 물을 맞으며 든 생각입니다. 아마 직장인이라면 이런 상황, 이런 생각을 한 번쯤 경험해 보셨을 겁니다. 야근에 회식에 피로가 쌓여도 잠도 못자고 다시 출근하는 직장인의 삶은 정말 전쟁과 같이 느껴집니다. 그렇다면 우리에겐 정말 직장인, 회사원 말고는 답이 없는 것일까요?

직장인이 아닌 다른 답을 생각해보려고 해봐도 좋은 생각이 떠오르지 않는다면, 차분히 생각의 방향을 조정해봐야 합니다. 그렇게 다시 한번 생각해보면, 모든 생업이 직장생활과 같습니다. 여러분이 프리랜서 일을 해도 여러분들에게는 고객이 있고, 그들이 여러분에게 돈을 줍니다. 그리고 한 지붕 아래 있지 않아도 그 일의 결과물을 만들어 내기 위해 협업하는 유목민 동료들이 있습니다. 만약 혼자서 창업을 했더라도 결국 일이 잘되어 규모가 커지면 다시 회사의 형태로 바뀔 겁니다. 이런 방식으로 누구든 직업을 정해 일을 시작하는 순간 다시 동료와 고객, 고객과 동료로 이루어진 '직장'이 생겨납니다. 구조나 규모가 조금 다를 뿐 결국 모든 직업인은 직장인이 됩니다.

그래서 직장인은 한 회사에 소속되어 있든 창업을 하든 바른 습관을 길러서 끝까지 가져가야 합니다. 습관은 개개인 각자에 맞게 변화하기 때문에 하나의 모습으로 규정할 수 없습니다. 내게 맞는 바른 습관을 찾는 과정에서 없던 습관이 생기거나, 가지고 있던 습관이 버려질 수도 있습니다. 이렇게 쌓아 올린 습관들은 여러분들이 주도적인 삶을 살아갈 수 있도록 하는 데 도움이 될 겁니다. 또한 직장생활을 하며 대면하는 불확실한 사건과 상황 속에서도 '올바른 삶'을 살아갈 수 있게 해주는 단단한 지지대가 될 겁니다. 궁극적으로 직장인에게 가장 중요한 습관은 '습관을 갖는 습관'입니다.

제가 모 대기업에서 모셨던 한 사장님은 매일 아침 30분씩 책을 읽고 하루를 시작하는 습관을 지니고 계셨습니다. 아침 회의 전에도, 공항에서도 책을 펼치곤 하셨죠. 늘 책을 가까이하며 책 속에 답이 있다고 말씀하셨습니다. 심지어 일 때문에 책을 며칠 동안 못 읽으면 짜증이 난다고 말씀하시더군요. 그분은 진짜 책 속에서 답을 찾기보다는 책을 보는 시간을 머릿속으로 회사 문제에 대한 정답을 찾는 습관으로 삼았던 것이었습니다. 그래서 책을 못 읽으면 답을 찾는 습관이 작동되지 않아 심기가 불편해졌던 것입니다. 그분에게는 문제의 답을 찾는 습관이 독서라는 행위로 형식화되고 유지되었던 겁니다. 실제로 그 사장님은 제가 수행하는 중에도 반드시 몇 권의 책을 지니고 다니며 바쁜 해외 출장 스케줄 속에서도 복잡한 회사 문제들을 거뜬히 해결했습니다.

최근에도 워라밸 이슈는 여전히 뜨겁습니다. 많은 사람들이 어느 한쪽에 치우치지 않는 균형 잡힌 삶을 지향하지만, 그 점을 향해 나아가는 일은 결코 쉽지 않습니다. 밸런스의 의미는 저의 크루즈 승선 경험에 비춰볼 수 있을 것 같습니다. 거대한 규모의 배가 움직이는데도 불구하고 진동이 거의 느껴지지 않았던 것이 기억에 남습니다. 연회장, 수영장 등 다양한 편의 시설을 갖추고 있어 육지처럼 무엇이든 할 수 있었던 크루즈였지만, 딱 하나 할

　　　　　　　　직장인의 바른 습관

수 없는 일이 있었습니다. 바로 흔들림 없이 체중을 재는 일이었습니다. 바다를 항해하는 배 위에서는 정확한 균형을 잡을 수도, 안정된 상태를 유지할 수도 없기 때문이었죠. 언뜻 쉬운 일이라 생각했던 일이 생각보다 어려운 일임을 새삼 느끼게 된 일이었습니다.

사실 살면서 균형 잡기가 쉽지 않다는 것을 많은 분들이 느끼실 겁니다. 일과 삶의 진정한 균형을 찾고 싶다면 평상을 유지하는 일을 최고 우선순위로 두어야 합니다. 그리고 그 평상을 유지하는 힘이 되어줄 수 있는 것이 바로 직장인의 습관입니다. 심리학자 프로이트는 말했습니다. '일하고 사랑하라, 사랑하고 일하라, 그게 삶의 전부다'라고 말이죠. 저는 이렇게 바꾸고 싶습니다. '나로 일하고 나를 사랑하라'고 말이죠. 누가 뭐라고 하든, 이 세상에서 가장 소중한 존재는 '나 자신'입니다. 직장인의 바른 습관으로 내가 주도적으로 일해서 성과를 거두고, 그 성과로 내게 보상하고 나를 사랑하며 사세요. 그게 바로 진정한 나의 삶입니다.

2018. 12

문성후

24가지 바른 습관 키워드

1. 루틴

루틴^{routine}이란 말은 일상적이고 규칙적으로 일을 하는 순서와 방법이라고도 합니다. 언뜻 보면 루틴은 그저 지루한 듯하지만 그 루틴이 우리 직장인들이 스스로의 멘탈을 지키면서도 최상의 결과를 뽑아내기 위한 시작이자 끝입니다.

2. 신뢰

나를 믿으세요. 나에 대한 의심이 내 능력을 방해하고 있습니다. 그리고 무언가 잘못되어도 내 탓으로만 돌리지는 마세요. 남 탓도 있습니다. 심지어 남 탓이 클 수도 있습니다. 나를 믿어주고 보듬어주는 신뢰의 자세는 나를 대하는 중요한 습관입니다.

3. 저장

할 말이 있을 때 자기만의 기록으로 우선 남기는 습관을 지니세요. 기쁘고 놀랍고 슬픈 일들도 모두 임시보관함에 담거나 녹음해 두거나 일기장에 쓰면 됩니다. 감정을 저장할 나만의 '창고'를 찾아 두어야 합니다.

4. 보상

'CAR'의 선순환에 나를 넣으세요. C는 commitment^{몰입}, A는 accomplishment^{완수} R은 reward^{보상}입니다. 내가 몰입을 해서 어떤 일을 완수해냈다면 그다음은 스스로에게 보상을 주라는 것이죠. 소소하지만 확실한 행복은 바로 내가 몰입해서 까다로운 일을 해내고 누릴 때 더 증폭될 것입니다.

5. 운동

머리 아픈 일이 생겼을 때 '썸^{SUM}'을 기억하세요. 무언가 속이 상하고 마음이 상하면 stand up, 일어나세요. 그리고 마음을 먼저 U-turn유턴하세요. 문제에 직면하고 부딪히지 마시고요. 일단 뒤돌아서세요. 그리고 다른 방향으로 움직이세요. move인거죠. 사소한 움직임이라도 하세요. 그러고 다시 대면하세요. 그러면 뇌가 다시 문제를 풀어줍니다.

6. 양손

직장인의 능력은 문제를 해결할 때 많이 검증되고 평가됩니다. 모든 문제는 문제를 잘게 쪼개어 분석하여 직관적이고 창발적으로 정답을 찾아내고 이를 논리적으로 실행하는 해결 방식을 거칩니다. 디자이너처럼 생각하고 변호사처럼 말하려면 '두뇌력'을 기르세요. 훈련 방법은 간단합니다. 낯선 것끼리 붙이고 합치면 됩니다.

7. 순서

디지털 업무 환경에서는 순서 재설계 능력^{redesigning}이 무척 중요합니다. 지금은 클릭 몇 번, 터치 몇 번으로 전체적인 일의 순서가 바뀌는 게 어렵지 않아져서 그 순서에 따라 나의 일 순서도 빠르게 재설계돼야 하는 것이죠. 일의 순서가 재설계되면 일의 진행 방법도 재구성되어야 합니다.

8. 인정

실패는 단지 큰 실수일 뿐입니다. 실패에서 배우는 방법은 세 단계입니다. 먼저 실패를 인정하세요. 일단 쿨하게 인정하고 나면 그다음은 주변 사람들과 실패를 대면하는 '실패 파티'를 여세요. 실패를 대면한 후에는 내가 무얼 배웠는지, 어떻게 반복하지 않을 수 있는지 수시로 실패를 들러보면 됩니다.

9. 자리

구기 종목에서 미리 짜 놓은 계획과 전략대로 상대의 골문을 공격하는 필살기를 세트피스set piece라고 합니다. 직장인들이 자기 자리를 찾아 역할을 수행하려면 창의성이 필요합니다. 세트 피스가 동료들과의 창의적인 조화를 도울 것입니다.

10. 교류

다른 업종에 있는 분들을 저는 '외계인'이라고 호칭합니다. 외계인들과 이업종교류를 하세요. 그래서 대면력을 기르고 그 대면을 통해 길러진 교차 사고cross thinking 능력을 실천하세요. 낯섦을 만나는 순간 누구든지 성장합니다.

11. 마감

진정한 직장 화법은 내가 생각하는 것을 말할 수 있고 상대가 생각하는 것을 이해할 수 있어야 합니다. 현란한 말솜씨나 멋진 보고서는 직장 화법의 중심이 아닙니다. 직장에서의 대화는 잘 마감을 해야 합니다. 서로 뜻이 통하고 수신과 발신이 완벽하게 일치했을 때 직장 대화는 잘 마감된 것입니다.

12. 질문

질문은 영어로 ask입니다. 이 'ASK'를 저는 atmosphere^{분위기}, stupid^{바보같은}, kind^{친절한}로 풀어 말하곤 합니다. 업무 상황을 살피며 아무리 바보 같더라도 궁금한 것은 친절하게 물으세요. 회사와 상사에게 질문하고 그 답에 따라 일하면 헛된 야근은 하지 않습니다.

13. 연속

이어지는 보고와 연락으로 내가 지금 어디에 있는지 어디로 가야 하는지 수시로 물어서 방향을 확인하고, 사고와 방식을 설정하세요. 워라밸 시대의 스마트 워크 웨이 중 하나는 연락과 보고를 연속하는 습관으로 내 업무를 주도적으로 끌어가면서 상사나 선배의 업무 예측 가능성을 높여주는 것입니다.

14. 기록

기억력을 믿으면 안 됩니다. 암묵지를 형식지로 바꾸려면 기억을 기록하세요. 지난 프로젝트에서 주고받았던 연락의 프로토콜은 프로젝트가 끝나도 'FILE' 방법으로 축적해두셔야 합니다. 그리고 그것을 축적하고 개선해서 기록화해두어야 그것이 형식지화되어 집단 지식으로 후배들에게 전수됩니다.

15. 덧셈

직장생활은 '나'를 위해 하는 것입니다. 내가 날 위해 열심히 일할 때 몰입이 되고 그 결과 회사에서 성과가 높아지는 겁니다. 남을 위해 일한다고 생각하면 절대 최고의 성과는 나오지 않습니다. 그래서 일에는 언제나 내가 담겨있어야 합니다. 나의 부가가치를 일에 더해보세요.

16. 경청

소통 음치는 경청을 못하는 데서 출발합니다. 경청을 잘하려면 절대로 상대가 하는 얘기와 내 얘기의 공통점을 찾지 마세요. 경청은 호기심입니다. 호기심을 가지고 나와의 차이점에 집중하면서 상대방의 말을 도우세요.

17. 잡담

잡담small talk은 새로운 사람을 만났을 때 시간을 벌고 서로에 대해 탐색하며 관심사를 찾아 대화하기에 아주 좋은 사회적 기술입니다. 또 잡담은 서로에 관한 호의를 표현할 수 있는 아주 간단한 대화 기법이면서 동시에 불편한 대화의 갭을 채워주는 안전판의 역할을 해줍니다. 잡담력을 키우세요.

18. 상담

상담은 어려운 문제를 만났을 때 서로가 같이 모여서 지혜를 모아서 해결해 나가는 소통을 말합니다. 일하다가 문제를 만나면 같이 집중해서 상담하고 지혜를 압축적으로 모아야 합니다. 상담의 방법은 'TSI'입니다. topic, 주제에 대해서 먼저 얘기하고, situation 즉, 현 상황을 육하원칙에 맞춰서 설명합니다. 그리고 I는 interest, 즉 나와 회사가 바라는 각자의 이익을 교환하시기 바랍니다.

19. 거절

거절의 첫 단어는 명료하게 사용하되, 거절의 이유는 사람 때문이 아니라는 점을 강조해야 합니다. 거절이 미안하다면 펩 토크^{pep talk} 같은 격려 대화 혹은 가능하다면 대안까지라도 말해주면 좋습니다. 나를 위해 거절도 잘하는 습관을 기를 때입니다.

20. 단장

내 몸값을 올리는 습관을 하나 지니세요. 멋 부리며 직장생활하는 겁니다. 달성 가능한 멋의 기준을 세우세요. 그리고 나와 상대가 바라는 모습의 공통분모를 멋으로 실천하면 인지 조화로 상대에게 좋은 인상을 주게 됩니다. 멋을 부려도 손해를 보지는 않습니다.

21. 평판

자신의 평판은 직장생활에서 어떤 일을 시작할 때마다, 그리고 어떤 일을 마칠 때마다 만들어지고 축적됩니다. 평판은 어떻게 관리해야 할까요? 자신이 보이고 싶은 모습을 찾고 그 모습을 입체적으로 보이게 말해야 합니다. 그 모습을 몇 년 유지해야 비로소 평판이 됩니다.

22. 호의

Z세대에게는 평생 10번이 넘게 직장을 옮기거나 직업을 바꾸는 미래가 예정되어 있습니다. 그래서 내게 이직의 사다리가 될 수 있는 사람들과

강한 접점을 만들어두어야 합니다. 특히 헤드헌터들과 개인적으로 만나면 자신의 계획이나 목표를 말하세요. 결정적인 때를 기다리며 자신의 상품성을 미리 각인시켜두는 겁니다.

23. 거래

면접은 무엇일까요? 면접은 나를 제안하는 자리입니다. 본인이 지원하는 회사의 업무나 역할을 잘 정의하고 그 정의에 따라 나의 핵심 가치를 정렬시키면 됩니다. 연봉 협상이란 무엇일까요? 나의 시간과 노력에 대한 정당한 가치를 평가받고 협상하는 자리입니다. 즉, 나의 이익과 회사의 이익을 잘 맞바꾸면 됩니다.

24. 준비

1인 창업을 하고 싶다면 고객이 비싸게 값을 쳐 줄 나의 주특기를 찾아야 합니다. 그리고 그 주특기의 시장값market price을 찾아야 합니다. 주특기와 시장값을 찾았다면 수익을 창출하기 위한 타겟팅을 할 줄 알아야 합니다. 물론 내 안에 365명의 열정적인 직원이 이미 준비되어 있어야 하겠죠.

기본 중의 기본을 담다
직장인의 바른 습관

초판 1쇄 인쇄 2018년 12월 25일
초판 6쇄 발행 2021년 8월 25일

지은이   문성후
편집인   서진
펴낸곳   이지퍼블리싱

마케팅   김정현
디자인   강희연

주소   경기도 파주시 광인사길 209, 202호
대표번호   031-946-0423
팩스   070-7589-0721
전자우편   edit@izipub.co.kr
출판등록   2018년 4월 23일 제2018-000094호

ISBN 979-11-963764-7-5   03190
값 14,000원